Kopfsache

Liebe den Introvertierten in dir

Patrick Hundt

Umschlaggestaltung: Marius Dorian
Korrektorat: Annegret Schenkel
ISBN: 150252323X
ISBN-13: 978-1502523235

Als Käufer des gedruckten Buchs erhältst du auf Nachfrage die digitale Version kostenlos dazu. Sende mir dafür bitte die Bestellbestätigung per E-Mail an patrick@introvertiert.org. Daraufhin schicke ich dir das eBook für Kindle zu.

Inhalt

Über dieses Buch

Es gibt einige gute Bücher für Introvertierte. Aus den meisten habe ich selbst gelernt. Doch dieses Buch ist anders. Natürlich ist es das. Was soll ich sonst sagen? Aber ich meine es ernst. Zum einen ist es das erste Buch über Introversion, das von einem Mann geschrieben wurde. Ich weiß nicht, wie das passieren konnte, doch über Introversion schreiben sonst nur Frauen. Man könnte glatt meinen, Introversion sei ein exklusives weibliches Persönlichkeitsmerkmal. Doch das ist es nicht. Es gibt genauso viele Männer wie Frauen unter den Introvertierten.
Zum anderen ist dieses eines der ganz wenigen Bücher, die von keinem Prof. Dr., Psychologen oder Personal Coach geschrieben wurden. Ich bin einfach nur ein Introvertierter wie du, der sich intensiv mit sich selbst auseinandersetzt.

Dieses Buch ist deswegen nicht besser oder schlechter. Es ist lediglich anders. Ich glaube, eine weitere Perspektive beizusteuern. In diesem Buch unterscheide ich nicht zwischen dem, was als wissenschaftlich gesichert gilt und was nicht. Ich möchte Introversion und ihre Bedeutung nicht beweisen. Studien erwähne ich hier kaum. Das tun die anderen Bücher schon zur Genüge. Sie ziehen alles heran, was sich mit Introversion und Hochsensibilität in Verbindung bringen lässt. Doch die Wahrheit ist, dass diese Themen kaum erforscht sind. Was wir über Introversion wissen, ist mehr Theorie als Tatsache. Viele Aussagen werden durch ein „wohl“, „möglicherweise“, „vermutlich“ oder „wahrscheinlich“ relativiert. Einige Aspekte gelten als ziemlich sicher, andere sind unter Spekulation einzuordnen. Beim ersten Lesen dieser Bücher fiel mir das kaum auf. Ich wollte alles glauben, da ich mich in diesen Büchern wiederfand.

Trotzdem greife ich viele dieser Theorien hier auf, da ich sie größtenteils für hilfreiche Bilder halte, die uns beim Verstehen helfen. So weiß ich beispielsweise nicht, ob wir tatsächlich „Energie" verlieren, wenn wir uns in Gruppen aufhalten oder mit fremden Menschen über Belanglosigkeiten reden müssen. Oder was diese Energie überhaupt sein soll. Aber ich weiß, dass es sich genau so anfühlt. Manchmal sehe ich vor meinem inneren Auge mein Energiebarometer in den Keller gehen und weiß intuitiv, wann es Zeit ist, mich zurückzuziehen, um wieder Energie zu tanken. Daher mag ich dieses Bild.

Für mich ist nicht entscheidend, was wissenschaftlich nachweisbar ist und was nicht. Ich möchte dich nicht davon überzeugen, dass du introvertiert bist oder dass die Idee von Introversion und Extroversion* überhaupt ein valides Konzept ist. Für mich ist wichtig, dass du und ich ein zufriedenes Leben leben. Wir sind uns in vielen Eigenschaften wahrscheinlich sehr ähnlich. Daher denke ich, dass du aus diesem Buch einiges mitnehmen kannst. Ich habe allerdings nicht den Anspruch, jeden Introvertierten da draußen in jedem Detail anzusprechen. Introversion ist eine große Schublade und damit eine grobe Vereinfachung einer komplexen Welt. Wir alle denken in Schubladen, um den Alltag zu bewältigen. Daraus entstehen leider Vorurteile, doch die gehören eben dazu, wenn wir in Vereinfachungen denken. Auch wenn du dich nicht mit jedem Detail identifizieren kannst, so gehe ich fest davon aus, dass du dich in vielen Situationen wiedererkennst. Vielleicht wirst du manches Mal schmunzeln oder sogar lachen, einige Male zufrieden seufzen oder sogar ein Tränchen verdrücken, wenn du nah am Wasser gebaut bist. Das sind die Reaktionen, die ich von Lesern meines Blogs (www.introvertiert.org) erhalte. Verständlich, denn wer sich als Außenseiter empfindet, für den ist es ein gutes Gefühl, sich in anderen Menschen wiederzuerkennen.

Der Blog ist mein Weg, mich mit mir selbst zu beschäftigen. Ich wollte alles aufschreiben, was ich über Introversion gelernt hatte, und meine Erkenntnisse mit anderen Menschen teilen. Ich greife dort viele Situationen des Alltags auf. Meine Leser denken häufig: „Ja, so geht's mir auch!" Dieses Buch geht noch einen Schritt weiter. Ich gebe mich nicht mehr damit zufrieden, das Leben Introvertierter nur zu beschreiben. Und ich möchte mich nicht mehr ausruhen. Als ich vor zwei Jahren zum ersten Mal über Introversion las, war ich erleichtert. Oft heißt es, Introversion sei nicht veränderbar. Wir haben unsere Veranlagungen und können daran nichts ändern. Das gefiel mir. Erstmals nahm es mir den Druck, mich verändern zu müssen, nur weil andere Menschen meinen, ich sei zu ruhig oder müsse nur mal aus mir herauskommen.
Doch mit der Zeit merkte ich, wie ich es mir bequem machte. Gleichzeitig sah ich an mir selbst und an anderen Introvertierten, dass einige Annahmen nicht ganz korrekt sein können. Es mag sein, dass wir mit unseren Veranlagungen andere Voraussetzungen haben als Extrovertierte. Aber das heißt nicht, dass wir uns nicht verändern können. Es heißt nicht, dass wir nicht mit bewusster Übung unsere Fähigkeiten verbessern können. Und vor allem heißt Introversion nicht, dass sie uns nur Probleme bereitet und wir in einer extrovertierten Gesellschaft nicht glücklich sein können.

Introversion hat nicht den besten Ruf. Bei dem Begriff schwingt stets der Vorwurf eines Makels mit. Dabei sind sowohl Introversion als auch Extroversion vollkommen neutrale Eigenschaften. Als Carl Gustav Jung diese Begriffe vor beinahe einem Jahrhundert prägte, kam ihm gar nicht in den Sinn, dass eines schlechter sein könnte als das andere.
Mit diesem Buch möchte ich Introversion einen neuen Anstrich verleihen. Wie wir selbst über Introversion denken, entscheidet darüber, was wir aus unseren Eigenschaften machen. Empfinden wir sie als eine Last, so wird sie immer

eine Last bleiben. Empfinden wir sie als ein Paket von Fähigkeiten, die wir nur richtig einsetzen müssen, so werden wir ein erfolgreiches Leben führen. Ich möchte dir ein positives Bild von Introversion vermitteln. Deshalb werde ich dir in diesem Buch einiges zeigen:

- Ich werde dir zeigen, dass du mit deinen Bedürfnissen nicht allein bist. Vielleicht hast du dich in dieser Welt stets ein bisschen verloren gefühlt. Doch das brauchst du nicht, denn es gibt viele Menschen, die ähnliche Vorlieben/Präferenzen haben wie du.
- Ich werde dir zeigen, in welchen Situationen du dich am wohlsten fühlst. In deiner Wohlfühlzone kannst du ganz nach deinen Präferenzen leben. Viele Menschen sind sich dessen leider gar nicht bewusst.
- Ich werde dir zeigen, dass deine Vorlieben tatsächlich „nur" Vorlieben sind. Zwar ist es wichtig, sich an ihnen zu orientieren, dennoch kannst du sie vorübergehend ignorieren und aus deiner Wohlfühlzone ausbrechen.
- Ich werde dir zeigen, dass du aufgrund der Introversion viele stark ausgeprägte Fähigkeiten hast, die du im Beruf und in deinem Privatleben für dich einsetzen kannst.
- Ich werde dir zeigen, dass unsere Gesellschaft Introvertierte braucht. Auch wenn es so aussieht, als sei sie sich dessen nicht bewusst. Auf Ruhm und Ehre müssen wir vielleicht verzichten, aber wir werden gebraucht.
- Ich werde dir zeigen, dass du in deinen Eigenschaften nicht gefangen bist. Du kannst jede deiner weniger entwickelten Fähigkeiten ausbauen.
- Ich werde dir zeigen, dass du wie jeder andere auch deine Zukunft in den eigenen Händen hältst. Niemand hat so viel Einfluss auf dein Leben wie du selbst.

- Ich werde dir zeigen, dass du dich mit all deinen Eigenschaften selbst akzeptieren und lieben kannst.
- Ich werde dir zeigen, dass du dafür einiges tun musst. Erfolg und Glück kommen nicht von alleine. Aber sie sind greifbar.

Introversion ist nichts, das du überwinden musst. Es ist ein wichtiges Merkmal deiner Persönlichkeit. Du hast eine Ansammlung von Vorlieben erhalten, die du zu deinem Vorteil einsetzen kannst. Es spielt keine Rolle, ob sie genetisch bedingt sind oder ob sie dir in deiner Kindheit anerzogen wurden. Entscheidend ist, wie du diese Eigenschaften bewertest und was du aus ihnen machst. Du triffst jeden Tag viele Entscheidungen, die etwas darüber aussagen, wie du dein Leben führen möchtest. Das möchte ich dir in diesem Buch vermitteln. Und wenn wir gemeinsam auf den letzten Seiten ankommen, hoffe ich, dass du daran glaubst, dich mit all deinen Eigenschaften selbst lieben zu können. Ich zeige dir den Weg.

* In der Wissenschaft wird häufig von Extraversion gesprochen, da das Wort auf dem lateinischen Wort extra basiert. Allerdings wird das Wort Extroversion im allgemeinen Sprachgebrauch wesentlich häufiger verwendet. Der Duden erlaubt beides. Ich entscheide mich für das, was mir besser gefällt: Extroversion.

Aus dem Leben eines Introvertierten

Mein Name ist Patrick. Während ich dieses Buch schreibe, bin ich 32 Jahre alt. Doch genug des Small Talks. Ich möchte dir gleich etwas Persönliches über mich erzählen. Eigentlich geht es dabei um dich, denn schon in wenigen Sekunden wirst du darüber staunen, wie viele Gemeinsamkeiten wir haben. Dies sind einige meiner Eigenschaften:

- Ich bin ein guter Zuhörer.
- Ich halte mich für verständnisvoll.
- Ich bin ein aufmerksamer Beobachter. Ich bemerke viele Kleinigkeiten, die anderen entgehen.
- Ich bin verantwortungsbewusst und gewissenhaft.
- Ich bin zuverlässig. Wenn ich etwas sage, dann gilt das.
- Ich bin pünktlich. Und wenn ich es einmal nicht bin, ist es mir wirklich unangenehm.
- Ich bin reflektiert. Ich denke viel über mich und mein Verhalten nach.
- Ich hinterfrage das meiste, was um mich herum geschieht.
- Ich bin bescheiden. Ich muss nicht im Mittelpunkt stehen, sondern weiche der Aufmerksamkeit am liebsten aus.
- Ich neige nicht zu Übertreibungen. Und wenn ich doch versehentlich übertreibe, plagt mich ein schlechtes Gewissen.
- Ich gelte bei vielen Menschen als glaubwürdig.
- Ich bin vorausschauend – sehe Chancen, aber auch Risiken.
- Ich bin gut organisiert und kann gut planen.
- Ich finde kreative Lösungen für komplexe Probleme.
- Ich lese viel.

- Ich werde oft um Rat gefragt.
- Ich bereite mich gut vor. Sonst fühle ich mich unwohl.
- Ich hab's gern ordentlich.
- Ich lege viel Wert auf persönliches Wachstum.
- Ich denke, bevor ich spreche.
- Ich rede lieber mit einem Menschen als mit fünf.
- Ich rede meistens weniger als meine Gesprächspartner.
- Ich bin selten gelangweilt. Zur Not kann ich tagträumen.
- Ich bin sehr genau.
- Ich bin nachdenklich und neige zum Grübeln.
- Ich rege mich nicht künstlich auf.
- Ich liebe meine Unabhängigkeit.
- Ich bin geduldig und ausdauernd.
- Ich bin vorsichtig und meide unüberschaubare Risiken.
- Ich bin offen für die Ideen anderer.
- Ich strahle Ruhe aus – sagt man mir.
- Ich habe einen kleinen Freundeskreis.
- Ich bemühe mich, andere Menschen nicht in unangenehme Situationen zu bringen.
- Ich bin ernsthaft und nehme nichts auf die leichte Schulter.
- Ich bin sensibel.
- Ich verbringe gerne Zeit allein.
- Ich bin gerne in der Natur unterwegs.
- Ich mache nur sehr ungern mehrere Dinge gleichzeitig.
- Ich werde nervös, wenn ich mich beobachtet fühle.
- Ich arbeite gern längere Zeit ohne Unterbrechung.
- Ich rede langsam, wenn ich mich in einem Thema nicht sehr gut auskenne.

- Ich zögere häufig, bevor ich spreche.
- Ich bin selten euphorisch.
- Ich fühle mich oft gehemmt.
- Ich fühle mich unwohl in Gruppen.
- Ich ziehe mich für kurze Pausen zurück, wenn ich unter zu vielen Menschen bin.
- Ich mag keinen Small Talk.
- Ich meide beim Sprechen den Augenkontakt.
- Ich bin überstimuliert, wenn viel um mich herum geschieht.
- Ich bin nicht sehr spontan, sondern beobachte zunächst andere, bevor ich loslege.
- Ich drücke mich lieber schriftlich aus.
- Ich telefoniere nicht gerne und rufe auch nur ungern zurück.
- Ich wirke häufig passiv.
- Ich kann mich anderen gegenüber nur schwer öffnen.
- Ich fühle mich unwohl, wenn ich fremde Menschen treffe.
- Ich rede nicht gern vor anderen Menschen.
- Ich kann Menschen nicht mit Geschichten fesseln.
- Ich lache selten herzhaft.
- Ich bin für andere Menschen schwer zu lesen.
- Ich wirke häufig distanziert und unnahbar.
- Ich schaue oft grimmig – sagt man mir.
- Ich wirke auf andere manchmal seltsam.
- Ich komme nur selten „aus mir heraus“.

Das sind nur einige meiner Eigenschaften. Sie zeichnen ein bestimmtes Bild und es sind nicht ganz zufällig alles Merkmale, die Introvertierten häufig zugeschrieben werden. Ich gehe davon aus, dass du dich in vielen dieser Eigenschaften wiedererkennen wirst. Sicherlich nicht in allen. Aber 75 Prozent dieser Merkmale treffen vermutlich auf dich zu. Sollte ich damit falschliegen und du denkst dir: „Oje, was für ein Freak“, dann wäre jetzt ein guter Zeitpunkt, dieses Buch beiseitezulegen.

Ich wusste schon seit meiner Jugend, dass ich introvertiert bin. Jedenfalls dachte ich öfter an diesen Begriff, wenn ich mich beschreiben wollte. Verwendet habe ich ihn allerdings nie. Und ich wusste auch nichts über Introversion oder was es genau bedeutet. Es fühlte sich nur irgendwie passend an. Im Nachhinein wirkt es schon merkwürdig, dass ich nicht mehr darüber wissen wollte. Ich denke, ich habe Introversion keine große Bedeutung beigemessen. Es war nur ein Wort, das ruhige Menschen beschreibt, austauschbar mit schüchtern (was falsch ist, wie ich heute weiß).

Mein Freundeskreis war immer klein. Ich hatte meine Clique, doch darüber hinaus stand ich kaum in Kontakt mit meinen Mitschülern. Als ich in das Alter für Partys kam, nahm ich nur selten teil, denn sie machten mir keinen Spaß. Auf Familienfeiern war ich stets der Erste, der vom Tisch aufstand und sich in sein Zimmer zurückzog. Wenn ich in den Ferien bei meinen Großeltern war, berichteten sie, man würde gar nicht merken, dass ich da bin. Ich verbrachte lieber Zeit am Computer. Ich spielte Strategiespiele und bastelte an einer melancholischen Website. Häufig war ich in virtuellen Chatrooms unterwegs. Schriftlich zu kommunizieren war mir lieber, als persönliche Gespräche zu führen. Es ließ mir Zeit zum Nachdenken. In der Schule war ich immer gut, aber die mündlichen Noten zogen mich stets ein Stück nach unten. Auf den frühen Zeugnissen standen Dinge wie „ruhender Pol“. In meiner Ausbildung bescheinigte man mir, ich würde denken, bevor ich spreche. Ich dachte, das sei normal. Doch offenbar ist es das nicht. Zu Beginn meiner Karriere tat ich mich schwer mit dem Netzwerken. Ich sammelte stets weniger Visitenkarten ein als meine Kollegen. Wenn ich mit Kunden sprach, wollte ich mir den Small Talk ersparen und gleich zur Sache kommen. Ich konnte Menschen in die Augen schauen, aber wenn ich dabei noch etwas Geistreiches sagen sollte, musste ich den Blick abwenden. Das geht mir noch heute so. Ich finde Menschen faszinierend, die mir beim Reden in die Augen starren. Sie wollen so eine Verbindung zu mir aufbauen. Sie wollen meine Antwort aus meinen Augen ablesen. Vielleicht, um nicht auf sie warten zu müssen und gleich weiterreden zu können. Sie sind extrovertiert, und lange Zeit wollte ich das auch sein. Dann wäre alles so viel leichter gewesen.

Aha!

Mir war schon irgendwie bewusst, dass viele dieser Dinge damit zusammenhängen könnten, dass ich introvertiert bin. Dennoch dachte ich nie darüber nach. Bis ich vor zwei Jahren meinen Aha-Moment erlebte.

Da ich gerade nichts anderes vorhatte, ging ich auf eine Weltreise. Ich reiste, wie man als Introvertierter nun mal so reist. Allein und ziemlich unaufgeregt. Ich spulte mein touristisches Programm ab. Hin und wieder traf ich auf andere Reisende. Das ließ sich gar nicht vermeiden und war zur Abwechslung sogar gut. Mit ihnen verbrachte ich hier und da mal ein paar Stunden. Im Anschluss machte ich wieder mein eigenes Ding. Manchmal hatte ich ein schlechtes Gewissen, weil ich im Vergleich zu anderen Reisenden nicht genug „Spaß“ hatte. Die meisten Backpacker reisen schließlich nicht allein. Sie vergnügen sich mit anderen am Strand und auf Partys. Doch im Wesentlichen ging es mir sehr gut mit meiner Art zu reisen. So lief das für einige Monate.

Dann kam ich nach Vietnam. Es war das gewöhnungsbedürftigste Land, in dem ich bis dahin gewesen war. In den ersten Tagen mochte ich es gar nicht. Die Hauptstadt Hanoi war laut und wuselig. Sie ließ mir keine Luft zum Atmen. Die meiste Zeit verkrümelte ich mich ins Hotel und in Cafés.

Anschließend wollte ich es ruhiger angehen lassen. In meinem Reiseführer stieß ich auf ein gemütliches Hostel in einem kleinen Dorf, weit weg vom großen Tourismus. Die Landschaft in der Region sollte wunderschön sein – und das war sie auch. In dem Hostel begann die beste, aber auch emotional anstrengendste Zeit meiner Reise.

In dem Hostel traf ich auf Laura aus Finnland. Ohne die Begegnung mit ihr gäbe es dieses Buch nicht und ich wäre heute noch ein anderer Mensch – vermutlich unglücklicher. Das ist eine der wenigen Geschichten, über die ich noch nie gesprochen oder geschrieben habe. Sie ist mir bis heute unangenehm. Doch später in diesem Buch werde ich dir zeigen, wie wichtig Offenheit ist, also muss ich mit gutem Beispiel vorangehen. Während ich diesen Abschnitt schreibe, sitze ich mit schmerzverzerrtem Gesicht da, so schwer fällt mir diese Offenheit.

Mit Laura fing alles an. Es dauerte keine zehn Minuten, bis ich Hals über Kopf in sie verliebt war. Das war mir schon lange nicht mehr passiert. Seit Jahren nicht, um genau zu sein. Doch eine schöne Liebesgeschichte gibt es hier nicht. Sondern eine von Überforderung. Gegenüber Laura war ich sehr verschlossen. Ich verstand es kaum, mich zu öffnen. Ich hatte einiges zu erzählen und wusste doch nicht was. Meistens waren wir in einer Gruppe mit anderen Reisenden unterwegs, was für einen Introvertierten nicht ideal ist. Und wenn man in einem Land wie Vietnam mit einer Gruppe junger Backpacker Zeit verbringt, landet man am Abend in jedem Fall in lauten Bars, wo der billige Alkohol in Strömen fließt. Ich trank selbst mehr, als gut für mich war. Ich wollte meine Hemmungen überwinden und extrovertierter wirken. Ich wollte offener und ehrlicher sein. Doch in den Nächten wachte ich wieder auf und alles fühlte sich viel schlimmer an als vorher. Ich begann zu grübeln – auch tagsüber – und kam aus meinem Gedankenkarussell nicht mehr heraus. Ich war niemand, mit dem sich Laura für längere Zeit umgeben wollte. In dem Zustand war ich niemand, mit dem ich mich selbst hätte umgeben wollen! Als ich

Vietnam verließ, war ich traurig und frustriert. Wie wohl die meisten Menschen begann ich mich mit Introversion zu beschäftigen, als es mir schlecht ging. Ich wollte wissen, was mit mir los war. Ich wollte das Biest Introversion besiegen und endlich extrovertiert werden.

Am 24. Dezember lud ich mir – mittlerweile in Australien – das Buch „Still" von Susan Cain auf mein Lesegerät. Außerdem kaufte ich „Iceland India Interstate" von Colin Wright, eine wahre Geschichte von einem Reisenden, der sich unterwegs in eine Isländerin verliebt (diese nordischen Frauen!). Als ich „Still" las, hatte ich meinen Aha-Moment. Ich erkannte sofort, was mit mir in Vietnam passiert war und weshalb ich mich nicht so verhalten konnte, wie ich wollte. Beim Lesen fühlte ich mich erleichtert. Immer noch schlecht, aber spürbar leichter. Drei Tage später kaufte ich drei weitere Bücher für Introvertierte und in den folgenden Wochen lud ich mir viele Bücher zu artverwandten Themen auf mein Lesegerät. Ich wollte alles wissen.

Das Aufarbeiten begann

Nach einigen Monaten begann ich aufzuschreiben, was ich über Introversion gelernt hatte. Ich schrieb einige Artikel für einen neuen Blog, die ich jedoch erst wesentlich später veröffentlichte. Ich fühlte mich noch nicht bereit. In der Zeit sprach ich immerhin mit einigen Leuten darüber. Teilweise Menschen, die ich gerade erst getroffen hatte. Das Gesprächsthema ergab sich irgendwie. Wie das eben so ist, wenn man sich die ganze Zeit mit einem Thema beschäftigt. Ich stieß immer wieder auf Interesse und Verständnis – selbst bei Extrovertierten. Irgendwann fasste ich mir ein Herz und veröffentlichte meine Artikel. Ich erwähnte die neue Website in meinem Reiseblog. So fanden gleich am ersten Tag Hunderte Leser zu introvertiert.org, die gutes Feedback hinterließen. Zwei Monate später erreichte ich plötzlich eine noch größere Zielgruppe: Bei Spiegel Online wurde mein Artikel „Geständnisse eines introvertierten Reisenden“ in einem Interview erwähnt. Später schloss ich auf Wunsch der Leser ein Forum an den Blog an, das du unter www.introvertiert.org/forum erreichen kannst. Dort tauschen sich jeden Tag introvertierte Menschen darüber aus, was sie bewegt.

Durch den Blog, das Forum und dieses Buch gehe ich mittlerweile offener mit meinen Eigenschaften um. Ich beschäftige mich mit mir selbst, betrachte neue Erkenntnisse unter dem Aspekt der Introversion und rede mit Menschen. Ich rede mit meinen Freunden darüber, aber auch mit Fremden, die auf mich zukommen, weil sie sich in meinen Texten wiedererkennen.

Heute bin ich froh, mich mit diesem Thema auseinandergesetzt zu haben. Es half mir, mich selbst besser zu verstehen. Ich weiß nun, was mich auslaugt, in welchen Situationen ich nicht so gut funktioniere und was ich deshalb meiden oder dosieren sollte. Wo ich kann, steuere ich die Situationen, in die ich mich begebe. Ich verlasse meine Wohlfühlzone in kleinen Schritten, will nicht zu viel auf einmal, aber auch nicht stillstehen. Ich möchte mich weiterentwickeln und bewusst meine Grenzen erweitern. Infolgedessen sagen mir die Menschen häufig: „Du bist doch gar nicht so introvertiert.“ Einige, die mich nur von meinen Texten kennen, sind überrascht, dass da jemand vor ihnen steht, der ganz normal mit ihnen redet und manchmal sogar ins Plaudern gerät. Das mag daran liegen, dass ich heute ausgeglichener bin und mich selbst lieber mag. Doch es hängt auch damit zusammen, dass Introversion häufig falsch verstanden wird. Wie Susan Cain in ihrem Buch „Still“ so schön zeigt, haben selbst Introvertierte ein merkwürdiges Bild von Introvertierten: schüchtern, langweilig, farblos. Es hat nichts mit der Realität zu tun, aber das verbinden die meisten von uns mit dem Wort introvertiert.

Die guten Reaktionen zeigen aber auch, dass sich das Wissen über Introversion positiv auf meine Beziehungen auswirkt. Ich steuere meinen Energieverbrauch heute besser und kann im Umgang mit anderen Menschen mein bestes Selbst sein: Ich hole das Beste aus mir heraus. Einerseits, weil ich bewusster Situationen suche, die in meiner Wohlfühlzone liegen. Andererseits, weil ich sie bewusst verlasse und dann besser mit meinem Energiehaushalt umzugehen weiß.
All das Wissen, das ich in den letzten zwei Jahren zu diesem Thema angesammelt habe, all die Gedanken, die ich mir in der Zeit gemacht habe, und die Erkenntnisse, die ich aus Gesprächen mitgenommen habe, möchte ich in diesem Buch mit dir teilen. Aus dem Feedback, das ich in meinem Blog und dem Forum erhalte, weiß ich, dass dieses Wissen noch nicht jedem geläufig ist, und es bei vielen Menschen für Erleichterung zu sorgen scheint, diese Dinge zu erfahren. Schau auf jeden Fall im Blog und im Forum vorbei, wenn du noch ganz am Anfang stehst. Doch in diesem Buch habe ich mehr zu sagen. Ich möchte nicht nur informieren, sondern dir ein positiveres Bild von dir selbst vermitteln.

1. Über Introversion

Einordnung von Introversion

Bevor ich beginne, möchte ich Introversion in einen größeren Gesamtzusammenhang einordnen. Wenn wir über Introversion sprechen, können wir aus den Augen verlieren, dass die Introversion-Extroversion-Skala nur **eine** Dimension ist, mit der sich die Persönlichkeit von Menschen beschreiben lässt. In der Psychologie gibt es verschiedene Ansätze, die jeweils von mehreren Persönlichkeitsmerkmalen ausgehen. Einer davon ist der Myers-Briggs Type Indicator (MBTI). Er beschreibt die Persönlichkeit von Menschen in vier Dimensionen. Am Beispiel des MBTI möchte ich dir zeigen, dass unsere mit Introversion verbundenen Eigenschaften immer im Zusammenhang mit anderen Merkmalen gesehen werden müssen.

Der MBTI basiert auf der Arbeit der amerikanischen Psychologin Katharine Briggs, die in den 1920er-Jahren begann, Menschen nach Persönlichkeitsmerkmalen zu kategorisieren. Sie gelangte zu dem Ergebnis, dass sich alle Menschen in vier Dimensionen voneinander unterscheiden. Zusammen mit ihrer Tochter Isabel Briggs Myers entwickelte sie ein psychologisches Instrument, um diese Unterschiede zu erklären. Das Ergebnis ist der Myers-Briggs Type Indicator. Damit können Menschen in 16 verschiedene Typen unterteilt werden. Jeder Persönlichkeitstyp hat seine eigenen Präferenzen.

Die vier Dimensionen des MBTI:

1. Introversion – Extroversion

Diese Ebene beschreibt, wie Menschen auf Stimulation reagieren und wie sie Energie aufnehmen und abgeben. Introvertierte orientieren sich nach innen, Extrovertierte nach außen.

2. Sensorik – Intuition

Die zweite Dimension beschreibt, wie wir Informationen aus unserer Umwelt wahrnehmen. Sensorische Menschen orientieren sich an objektiven Informationen. Der intuitive Typ hinterfragt die Bedeutung von Informationen und sucht nach einem Gesamtzusammenhang.

3. Denken – Fühlen

Wie wir diese Informationen verarbeiten und zu Entscheidungen gelangen, das beschreibt diese Ebene. Menschen neigen demnach dazu, Entscheidungen entweder rational oder auf Basis von Gefühlen zu treffen.

4. Beurteilen – Wahrnehmen

Die vierte Dimension beschreibt Menschen als Beurteiler oder Wahrnehmer. Beurteiler treffen schnell Entscheidungen und bleiben bei diesen. Sie neigen dazu, sich neuen Informationen zu verschließen. Wahrnehmer hingegen sammeln immer mehr Informationen, tun sich aber schwer damit, eine Entscheidung zu treffen.

Die Persönlichkeit von Menschen unterscheidet sich am deutlichsten auf diesen vier Ebenen. Nach dieser Theorie hat jeder Mensch eine Präferenz für eine Seite dieser vier Paare. Die Präferenz mag stark ausgeprägt sein oder nur schwach, aber wir neigen eher zum einen als zum anderen. Und je mehr wir nach diesen Präferenzen leben, desto mehr verstärken wir sie.
Die MBTI-Methode ist eine beschreibende und neutrale Charakterisierung darüber, wie wir die Welt wahrnehmen. Sie nimmt keinerlei Wertung vor. Keiner der 16 Typen ist besser oder schlechter als ein anderer. Jedes Merkmal bringt Vor- und Nachteile mit sich. Ist eine Präferenz sehr stark ausgeprägt, kann sie sowohl ein Segen sein als auch zum Fluch werden. Als Leser dieses Buchs ist die Präferenz „Introversion" bei dir

wahrscheinlich stark ausgeprägt. Vielleicht siehst du sie manchmal sogar als einen Fluch. Ich werde dir zeigen, dass sie in anderen Situationen ein Segen ist.

Wie jede psychologische Theorie wird die MBTI-Methode kontrovers diskutiert. Der MBTI wird zwar weitgehend anerkannt, doch es gibt Zweifel an jeder Form von Typisierung. Nichts ist definitiv und genauso solltest du es behandeln. Ich finde den MBTI interessant und kann mich in meinem Typ deutlich wiedererkennen. Aber ich bin natürlich noch mehr als ein Typ, der sich in vier Dimensionen beschreiben lässt.
Und genau das soll dir bewusst sein, wenn wir über Introvertierte und Extrovertierte sprechen. Menschen sind nicht eindimensional. Der MBTI kennt vier Dimensionen. Und vielleicht gibt es noch mehr. Alle diese Dimensionen sind zudem nicht schwarz und weiß, sondern lassen sich über Skalen beschreiben. Jeder Mensch liegt auf diesen Skalen zwischen zwei extremen Polen. Und all diese Dimensionen beeinflussen sich auch noch gegenseitig. Wir Menschen sind sehr komplex. Daher ist es ungenau, von „den Introvertierten" zu reden. Es gibt nicht den einen Typen. Jeder ist anders, aber wer als stark introvertiert gilt, hat in dieser einen Dimension viele Gemeinsamkeiten mit anderen Introvertierten.

Wenn du mehr über die Typisierung nach dem MBTI erfahren möchtest, empfehle ich dir das Buch „Type Talk" von Otto Kroeger und Janet Thuesen. Außerdem gibt es Tests im Internet. Die kostenlosen Tests sind jedoch nicht zu empfehlen, da sie zu irreführenden Ergebnissen führen. Für etwa 50 US-Dollar kannst du den offiziellen Test auf www.mbticomplete.com durchführen.

Sieben Dinge, die du über Introversion wissen musst

Ich möchte die Grundlagen kurz und knapp halten. Wissenschaftliche Belege kannst du in anderen Büchern nachlesen. Entscheidend ist für mich, dass du und ich viele gemeinsame Eigenschaften haben, an denen sich ein Schema erkennen lässt. Einige dieser Eigenschaften befähigen uns zu außergewöhnlichen Leistungen. Andere machen uns das Leben in einer extrovertierten Gesellschaft schwer. Wie wir mit diesen Gegensätzen umgehen können, darum geht es in diesem Buch.

Es gibt nur wenige Grundlagen, die du kennen musst, um dich an der Introversion-Diskussion zu beteiligen oder um sie zu verstehen. Diese sieben Dinge habe ich hier für dich zusammengefasst.

1. Wer hat's erfunden?

Der Schweizer Psychoanalytiker Carl Gustav Jung setzte die Begriffe Introversion und Extroversion im Jahr 1921 in die Welt. Nach seiner Definition ist Extroversion eine Präferenz für direkte Erlebnisse mit Menschen und Dingen. Extrovertierte **erleben** jede Erfahrung. Introvertierte hingegen präferieren die innere Welt der Gedanken. Sie fokussieren auf die **Bedeutung** ihrer Erlebnisse. Sie interpretieren Informationen und verarbeiten sie ausführlicher.

2. Ursache: Veranlagung und Erziehung

Introversion und Extroversion sind zu einem gewissen Anteil angeborene Veranlagungen. Ob eine Eigenschaft angeboren ist, lässt sich am besten mit Zwillingsstudien herausfinden. Über Jahrzehnte haben solche Studien gezeigt, dass eineiige

Zwillinge, die getrennt voneinander aufwachsen, ähnlichere Persönlichkeitsmerkmale aufweisen als zweieiige Zwillinge, die zusammen aufwachsen. Gene haben demnach einen größeren Einfluss als die Erziehung.

Introversion und Extroversion sind bei jedem Menschen unterschiedlich ausgeprägt. Jeder hat seine eigene Sammlung aus Vorlieben. So drängt sich die Frage auf, wie viel Introversion tatsächlich angeboren und wie viel anerzogen ist. Eine befriedigende Antwort gibt es nicht, denn Veranlagung und Erziehung beeinflussen einander. Erziehung wirkt auf jedes Kind anders. So kann ein Erlebnis ein Kind mit Veranlagung zu Introversion weiter in diese Richtung treiben, während ein extrovertiertes Kind das gleiche Erlebnis aufgrund seiner Veranlagungen anders verdaut und es zu keiner Veränderung der Merkmale kommt. Ein weiteres Beispiel: Ein extrovertiertes Kind, das in einer introvertierten Familie aufwächst, entwickelt sich anders als ein extrovertiertes Kind, das unter anderen Extrovertierten aufwächst, in denen der Lauteste gewinnt. Unsere Umwelt entscheidet stark darüber, in welche Richtung wir uns entwickeln.

Außerdem formen die angeborenen Eigenschaften unsere Vorlieben. Wenn wir intuitiv nach diesen leben, verstärken wir so die Ausprägung. Das gilt vor allem für das Kindesalter, wenn wir noch nicht durch die Erwartungen unseres Umfelds geprägt, sondern ehrlicher uns selbst gegenüber sind. Ein Kind, das sich unter fremden Kindern unwohl fühlt, zieht sich eher zurück und lernt so gar nicht erst, sich unter Kindern wohl zu fühlen. Es verstärkt somit intuitiv die eigene Veranlagung.

Da Introversion und Extroversion teilweise angeboren sind und in der frühen Kindheit manifestiert werden, lassen sich die Präferenzen später kaum ändern. Man wächst nicht einfach aus ihnen heraus und kann sie auch nicht therapieren – schließlich handelt es sich nicht um Krankheiten. Introversion und Extroversion bleiben somit im Verlauf des Lebens relativ stabil.

Mit der Zeit beginnen wir jedoch, Aspekte des anderen Extrems wertzuschätzen: Wir lernen, uns in kleinen Gruppen wohler zu fühlen, nehmen Führungsrollen an oder suchen ein Abenteuer. Unsere Vorlieben bleiben dabei zwar konstant, sie können sich im Verlauf des Lebens jedoch unterschiedlich anfühlen. Je häufiger wir bewusst extrovertiert leben, desto besser werden wir uns an diese Anforderungen anpassen. Der Schlüssel ist jedoch das **bewusste** „Extrovertieren". Selbstbestimmtheit spielt hier eine große Rolle. Wenn wir selbst entscheiden, mit welchen Menschen wir Zeit verbringen und an welchen Projekten und in welchem Umfeld wir arbeiten möchten, können wir uns auch in einem extrovertierten Umfeld vorübergehend wohl fühlen.

Wie viel Introversion nun angeboren und wie viel anerzogen ist, sollte für dich unerheblich sein. Für mich ist es das. Das Wissen um die Veranlagung mag dich erleichtern und dir die eigenen Schuldgefühle nehmen. Und das ist gut so. Das Wissen um die Erziehung mag dich dazu verleiten, anderen Menschen die Schuld zuzuschieben (vermutlich deinen Eltern). Beides dient hervorragend als Ausrede. Doch wenn du dich in Ausreden verlierst, wirst du dich in deinen Präferenzen gefangen fühlen. Veränderungen kannst du nur bewirken, wenn du selbst Verantwortung für dein Leben übernimmst. Du und ich, wir können unser Leben selbst gestalten. Trotz veranlagten und anerzogenen Präferenzen haben wir einen freien Willen.

3. Introversion geht über das Soziale hinaus

Carl Gustav Jung beschränkte Extroversion und Introversion nicht auf die soziale Komponente, sondern beschrieb sie als Präferenz für die äußere oder die innere Welt. Über Jahrzehnte wurden die Begriffe jedoch immer mehr zurechtgestutzt und für das allgemeine Verständnis „vereinfacht". Heute ruft das Wort introvertiert vor allem Assoziationen wie zurückgezogen, unsozial, allein oder passiv hervor. Das wundert mich nicht, da Introvertierte nur in sozialen Situationen für andere Menschen als solche zu erkennen sind (wenn überhaupt).

Doch natürlich sind Introvertierte gern mit Menschen zusammen. Einige pflegen sogar einen großen Freundeskreis. Die meisten ziehen sich nicht zurück, sondern leben ihr Leben aktiv. Nach der ursprünglichen Definition sind das alles keine Widersprüche – nach dem vereinfachten Verständnis von Introversion passt das jedoch nicht mehr zusammen. Daher schuf und prägte Elaine Aron den Begriff „Hochsensibilität", der wieder auf die ursprüngliche Bedeutung von C. G. Jung zurückgeht. Dazu gleich mehr.

Introversion ist viel mehr als die Beschreibung eines sozialen Verhaltens. Wie du bereits an meinen Eigenschaften gesehen hast, gehen diese Beschreibungen weit über das Soziale hinaus, werden jedoch trotzdem mit Introversion in Verbindung gebracht. Introversion wirkt sich in allen Bereichen des Lebens aus – nicht nur, wenn wir still in einer Gruppe von Menschen stehen.

Wenn Introvertierte es verstehen, sich in sozialen Situationen extrovertiert zu verhalten, wird es sogar schwer, sie überhaupt zu erkennen. Allerdings fühlen sie sich dabei nicht so wohl wie Extrovertierte. Entscheidend ist nicht die Wirkung nach außen, sondern wie wir uns bei dem fühlen, was wir tun. Es gibt einen großen Unterschied zwischen Wirken und Sein.

4. Eine Frage der Stimulation

Das Konzept von Introversion und Extroversion beruht auf der Annahme, dass beide Typen unterschiedliche Stimulation benötigen. Introvertierte sind sensibler für Stimulation. Sie brauchen demnach ein geringeres Niveau an Stimulation als Extrovertierte. Introvertierte sind aufgrund ihrer höheren Gehirnaktivität oft auch dann noch stimuliert, wenn sie von außen keine neuen Reize mehr empfangen. Daher wird uns

selten langweilig. In unseren Köpfen ist immer etwas los. Kommen dann neue Reize von außen dazu, sind Introvertierte schnell überstimuliert.
Mit dieser Erkenntnis kannst du dein Leben danach ausrichten und bewusst nach deiner eigenen Natur leben. Dein Ziel sollte es sein, das optimale Level an Stimulation zu finden. Für jeden gibt es ein Niveau, das weder zu wenig stimuliert (langweilig) noch überstimuliert (überwältigend). In diesem Sweet Spot kannst du gedeihen. So jedenfalls nennt ihn Susan Cain in ihrem Buch „Still". Im Sweet Spot erzielen wir mit unserem Handeln die optimale Wirkung. Das gilt genauso für Extrovertierte, allerdings liegt deren Optimum woanders. Für Introvertierte wird das heißen, öfter mal einen Gang herunterzuschalten und die Party früher zu verlassen, während Extrovertierte dort bereits ihr optimales Level gefunden haben oder nach der Party noch in die nächste Bar ziehen.

Stimulation ist eines dieser Bilder, die sich für mich richtig anfühlen. Ich fühle mich am wohlsten, wenn wenig um mich herum passiert. Herrscht jedoch Unruhe – viele Menschen, laute Musik, schnelle Gespräche –, verliere ich schnell den Überblick und möchte am liebsten abhauen. Dieses Verständnis ist einer der Schlüssel dafür, uns mit Introversion wohl fühlen zu können. Wir müssen verstehen, was uns genau so sehr stimuliert, dass es angenehm ist – und was uns zu sehr stimuliert, sodass wir es nur für kurze Zeit ertragen.

Wenn wir von Stimulation sprechen, sind wir automatisch beim Thema Sensibilität. Nach meinem Verständnis sind alle Introvertierten überdurchschnittlich sensibel. Elaine Aron prägte den Begriff Hochsensibilität, weil Introversion in der öffentlichen Wahrnehmung auf die sozialen Aspekte reduziert wird. Hochsensibilität hingegen wird differenzierter betrachtet und hat einen wissenschaftlichen Unterton. Dabei meint es für

Introvertierte dasselbe. Alle Introvertierten sind hochsensibel veranlagt.
Allerdings gibt es offenbar hochsensible Menschen, die nicht als introvertiert gelten. Das sind solche, die zwar sensibel reagieren, aber mit der sozialen Komponente gut zurechtkommen. Im sozialen Sinne sind sie also nicht introvertiert. Ja, das gibt es. Elaine Aron führt es auf günstige Umstände in der Erziehung und in den persönlichen Erfahrungen zurück. Diese Menschen haben früh gelernt, sich sozial aufgeschlossen zu verhalten. Trotzdem verspüren sie, aufgrund ihrer Veranlagungen, eine gewisse Erschöpfung durch Überstimulation. Als Leser dieses Buchs trifft das auf dich wahrscheinlich nicht zu. Diese Interpretation bedeutet für mich aber vor allem eines: Es ist grundsätzlich möglich, trotz introvertierter Veranlagungen, sozial extrovertiert zu leben.

5. Eine Frage der Energiegewinnung

Introvertierte und Extrovertierte beziehen ihre Energie aus unterschiedlichen Quellen. Das ist wichtig zu wissen – und gleichzeitig schwer für den jeweils anderen Typen nachzuvollziehen. Um welche Art von Energie es sich dabei handelt, wird kaum zu beschreiben sein. Es ist nicht die Art, die wir über Nahrung zu uns nehmen. Es ist aber auch nichts Spirituelles, an das man glauben muss. Es ist etwas anderes, und ich bin mir sicher, dass du weißt, was ich meine. Bin ich überstimuliert, sinkt mein Energielevel. Dann möchte ich mich am liebsten ins Bett fallen lassen. Doch ich muss nicht schlafen. Es genügt schon, mich für eine Weile zurückzuziehen. Ich könnte dann sogar Sport treiben und dadurch eine andere Art von Energie verbrennen, mich aber anschließend trotzdem erholt fühlen.
Laut C. G. Jung zieht es Introvertierte immer wieder in die innere Welt der Gedanken. Und genau dort gewinnen sie auch ihre Energie. Das heißt, wir laden unsere Akkus auf, indem wir

allein sind und uns den Gedanken widmen. Stimulation von außen wird so weit wie möglich heruntergefahren. Extrovertierte hingegen ziehen ihre Energie aus der Interaktion mit der Außenwelt. Sie brauchen Menschen um sich herum und neue, aufregende Erlebnisse. Was für den einen ermüdend ist, kann für den anderen demnach erholsam sein.

Es ist wichtig zu wissen, woher du deine Energie gewinnst. Zwar machen Menschen instinktiv sicherlich alles richtig: Sie spüren, was sie brauchen, und handeln danach. Allerdings kann dieses Gespür in einer extrovertierten Welt außer Kraft gesetzt werden. Wenn das Umfeld signalisiert, dass Party, Spaß und Großraumbüros angesagt sind, um ein vollwertiges Mitglied der Gemeinschaft zu sein, lassen sich einige Introvertierte dazu zwingen, gegen ihre Natur zu leben. Wer das nicht erkennt, wird ausgelaugt sein, ohne zu wissen warum.

Das Wissen um unsere Energiegewinnung ist ein weiterer Schlüssel für ein zufriedenes Leben als Introvertierter. Wir verlieren Energie, wenn wir uns zu extrovertiert verhalten. Im Umkehrschluss können wir Energie gewinnen, wenn wir uns typisch introvertiert verhalten. Mehr braucht es nicht. Wir müssen uns diese Freiräume allerdings bewusst schaffen. Bei mir sieht das z. B. so aus: Wenn ich Zeit habe, gönne ich mir ein ausgiebiges Frühstück in einem guten Café. Im Hintergrund läuft ruhige Musik. Ich bin mit einem Buch und einem Notizblock ausgestattet, um meine Ideen zu notieren. Solch ein Frühstück kann sich lange hinziehen. Ich arbeite, lese und denke gern in gemütlichen Cafés. Das scheint dem Wunsch nach Ruhe zu widersprechen, da ich dort nicht allein bin. Doch die Menschen um mich herum sind nur ein leises Grundrauschen, das mich kaum beeinflusst. Ich muss mit niemandem reden, auf niemanden reagieren und ich habe – anders als zu Hause – wenig Gelegenheit, mich selbst mit anderen Dingen abzulenken. Wenn ich nicht gerade in Cafés unterwegs bin, setze ich mich aufs Sofa und lese ein Buch, oder ich schaue mir eine Comedy-Serie an, bei der ich gleich noch etwas zu lachen habe. In einigen Fällen kann auch ein tiefes Gespräch mit einem mir nahestehenden Menschen meine Akkus aufladen.

Es gibt viele Möglichkeiten, uns zurückzuziehen und Energie zu tanken. Die folgenden Tipps stammen von Nutzern aus dem Forum:

- In der Natur unterwegs sein
- Im Alltag kleine Pausen einlegen und sich kurz zurückziehen
- Den Arbeitsweg zur Entspannung nutzen
- Fernsehen und das Gehirn ausschalten
- Entspannungsübungen wie Meditation
- Yoga/Pilates oder ein anderer Solo-Sport
- Häkeln
- Ein Instrument spielen
- In eine Bibliothek gehen
- Tagebuch schreiben
- Sich mit Haustieren beschäftigen
- Gartenarbeit verrichten
- Lieblingsmusik hören

6. Jeder ist introvertiert und extrovertiert

Genau genommen gibt es **den** Introvertierten gar nicht, denn jeder hat mindestens einige introvertierte und einige extrovertierte Eigenschaften. Introversion und Extroversion sind als zwei Enden einer Skala zu verstehen. Je nachdem, wo wir auf dieser Skala stehen, beziehen wir unsere Energie aus unterschiedlichen Quellen. Unser Standpunkt auf dieser Skala beeinflusst unser Fühlen und Handeln in allen Aspekten unseres Lebens.

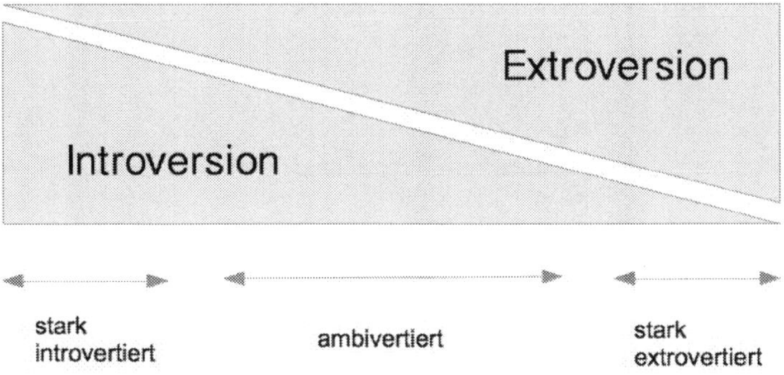

Vermutlich verteilt sich die Menschheit gleichmäßig auf dieser Skala. An den äußeren Enden liegen die stark Introvertierten und stark Extrovertierten. Der Rest verteilt sich dazwischen. Betrachtet man diese Skala von der Mitte aus, käme man zu der Erkenntnis, dass 50 Prozent der Menschheit introvertiert sind und der Rest extrovertiert. Diese Größenordnung wird in der öffentlichen Diskussion oft in den Raum geworfen. Sie mag korrekt sein, aber ich finde sie alles andere als zielführend. Was bringt es, jemanden als introvertiert zu bezeichnen, der 51 introvertierte Eigenschaften und 49 extrovertierte Eigenschaften hat? Das ist in meinen Augen eine ziemlich ausgeglichene Persönlichkeit, aber kein Introvertierter. Als deutlich introvertiert hingegen gelten 20 bis 25 Prozent der Menschen. Das erscheint mir eine sinnvollere Größenordnung. Ähnlich viele Menschen dürften deutlich extrovertiert sein. Der Rest gilt als ambivertiert, hat also viele Merkmale beider Extreme.

Unser Standpunkt auf der Skala ist nicht fest verankert. C. G. Jung schlug vor, die beiden Wörter auch als Verben zu benutzen: also „zu introvertieren" und „zu extrovertieren". Jeder kann beides in einem gewissen Rahmen tun. Introvertierte können sich extrovertierter verhalten und andersherum genauso. Es ist notwendig, um in verschiedenen Situationen des Lebens zu bestehen. Introvertierte extrovertieren sogar beson-

ders häufig. Intro- und Extroversion sind also durchaus situationsabhängig. So beschreiben sich vor allem ambivertierte Menschen als „in bestimmten Situationen eher introvertiert, in anderen eher extrovertiert".
Introversion und Extroversion sind „nur" Präferenzen. In dem Buch „Type Talk" von Otto Kroeger und Janet Thuesen gibt es einen schönen Vergleich, der das verdeutlicht: Ein Linkshänder wird immer Linkshänder bleiben. Das heißt aber nicht, dass er nicht hin und wieder auch seine rechte Hand verwendet oder mit viel Übung sogar ziemlich gut darin wird, seine rechte Hand zu verwenden. Die meisten Menschen haben in dieser Hinsicht eine recht starke Präferenz (rechts oder links), andere können mit beiden Händen gut umgehen. Dieser Vergleich gefällt mir besonders gut, da sich meine eigene Handpräferenz von Situation zu Situation unterscheidet. So schreibe ich mit rechts. Mit links kann ich überhaupt nicht schreiben. Allerdings spiele ich Basketball mit der linken Hand und kann es nicht mit der rechten. Auch mein Smartphone bediene ich mit der linken Hand. So ist auch die Präferenz für Introversion und Extroversion zu verstehen. Wir bevorzugen das eine. Das heißt aber nicht, dass wir nicht auch mal das andere können. Und das kann sich von Situation zu Situation unterscheiden.

Es ist wichtig, sich des „Extrovertierens" bewusst zu sein, denn wenn Introvertierte zu sehr extrovertieren, sind sie ausgelaugt. Introvertierte, die den ganzen Tag in Meetings verbringen müssen oder in einer Woche drei Partys besuchen, sind hinterher am Ende ihrer Kräfte. Genauso sind Extrovertierte erschöpft, wenn sie ihr optimales Stimulationslevel überschreiten oder wenn sie dauerhaft unterstimuliert (gelangweilt) sind. Wer sich zu lange außerhalb seines Sweet Spots bewegt, verliert Energie, ohne ausreichend Gelegenheit zu haben, sie wieder aufzuladen.

7. Introversion und Extroversion sind neutral

In westlichen Gesellschaften wird Extroversion als wünschenswert und Introversion als Problem wahrgenommen. Es ist jedoch tatsächlich nicht mehr als das: eine Wahrnehmung. Es entspricht nicht den Tatsachen. Introversion und Extroversion sind nicht richtig oder falsch. Sie sind, was sie sind. Das Problem ist nur, dass wir dieses Vorurteil selbst glauben!
Egal, zu welcher Veranlagung man tendiert, die damit verbundenen Eigenschaften gleichen sich aus. Jeder hat Eigenschaften, die hinderlich wirken, aber auch Eigenschaften, die einen Vorteil gegenüber anderen darstellen. Unsere Defizite mögen schwerwiegender wirken, da sie vor allem dann deutlich werden, wenn wir unter Menschen sind. Dennoch haben wir auf der anderen Seite starke Fähigkeiten, um die uns in manchen Situationen jeder Extrovertierte beneidet. Die Kunst ist, unsere eigene Nische zu finden, in der die Schwächen keine große Rolle spielen und wir unsere Stärken ausspielen können. Das gilt für alle Menschen. Viele Menschen sind unzufrieden mit ihren Jobs oder ihrem Privatleben. Doch wenn man einmal genauer hinschaut, basiert die Unzufriedenheit darauf, dass sie nicht nach ihren Vorlieben leben, sondern sich in etwas pressen, das nicht zu ihnen passt.

Damit haben wir die Grundlagen zur Introversion abgedeckt. Mit diesem Wissen kannst du die Inhalte dieses Buchs verstehen und richtig bewerten. Du kannst auch deine eigenen Gefühle und Intuitionen, die du in bestimmten Situationen hast, besser einordnen.

Vorurteile gegenüber Introvertierten

Vorurteile basieren auf Unwissen und Missverständnissen. Ganz klar, dass sich rund um introvertierte Menschen zahlreiche Vorurteile und Mythen ranken. Bislang ist ja noch wenig bekannt über Introversion und Extroversion. Viele Eigenschaften von Introvertierten fördern zudem Missverständnisse, anstatt sie aufzulösen. Doch wie wir auf andere wirken, sagt nichts über unsere tatsächlichen Eigenschaften aus. Entscheidend ist, wie wir uns fühlen. Das sieht natürlich niemand, zumal wir nicht dafür bekannt sind, unsere Gefühle deutlich auszudrücken. So entstehen Vorurteile, die uns das Leben unnötig schwer machen. Im schlechtesten Fall glauben wir sie noch selbst. Daher möchte ich mit den gängigen Missverständnissen aufräumen.

Vermutlich wirst du diesen Abschnitt über die Vorurteile wohlwollend lesen. Vielleicht sogar enthusiastisch mit dem Kopf nicken, denn das alles wirst du schon erlebt haben. Ich möchte hiermit jedoch nicht nur eine Lanze für uns Introvertierte brechen. Vielmehr sollte dir bewusst sein, dass diese Vorurteile existieren und nicht verschwinden werden. Sie sind in der Welt, weil unser Verhalten zu diesen Missverständnissen einlädt. Nur wenn wir uns dieser Vorurteile bewusst sind, können wir ihnen entgegenwirken.

1. Vorurteil: Introvertierte sind schüchtern

Das ist der ungeschlagene Klassiker unter den Vorurteilen. Schüchternheit und Introversion werden oft synonym verwendet. Selbst viele Introvertierte können die beiden Dinge nicht auseinanderhalten. Dabei haben sie wenig miteinander zu tun. Ich selbst bin zwar klar introvertiert, aber nur wenig schüchtern.

Introvertierte sind grundsätzlich nicht schüchtern. Sie können durchaus schüchtern sein, aber das können auch Extrovertierte. Für die Definition von Schüchternheit greife ich auf andere Autoren zurück, da sie es bereits gut ausgedrückt haben. Die folgenden Zitate habe ich aus dem Englischen übersetzt:

Schüchternheit ist die Angst, dass andere uns nicht mögen. Es ist eine Antwort auf eine Situation – keine ständige Eigenschaft. Schüchternheit ist nicht vererbbar. (Elaine Aron in „Sind Sie hochsensibel?")

Schüchternheit ist eine soziale Angst, die in der Gegenwart von anderen Menschen auftritt. Schüchternheit wird für gewöhnlich durch Kritik und Ablehnung erlernt: In der Familie, in der Schule oder im Freundeskreis. Es ist keine Frage der Energie, sondern eine Angst davor, was andere von dir denken. (Marti O. Laney in „Die Macht der Introvertierten")

Introversion und Schüchternheit bedingen einander also nicht. Dennoch halte ich es für plausibel, dass Introvertierte überdurchschnittlich schüchtern sind. Schüchternheit wird laut Marti Olsen Laney durch Kritik und Ablehnung erlernt. Introvertierte bekommen zeit ihres Lebens immer wieder suggeriert, dass sie nicht dem extrovertierten Ideal entsprechen. Selbst wenn es selten böse gemeint ist; es ist eine Art von Ablehnung. Diese ist einem gesunden Selbstwertgefühl nicht zuträglich. Daher treten soziale Ängste wie Schüchternheit bei Introvertierten vermutlich häufiger auf als bei Extrovertierten.
Sicherlich sehen wir uns so oft dem Verdacht der Schüchternheit ausgesetzt, weil wir auf andere schüchtern **wirken**. Auf Veranstaltungen wünschen wir uns häufig keinen Kontakt zu den Anwesenden, sondern fühlen uns in der Rolle des Beobachters sehr wohl. Für uns ist das völlig normal. Für Extrovertierte ist das unverständlich, da sie selbst sich unter die Leute mischen wollen. Sie sehen jemanden am Rande sitzen und nehmen an, dass derjenige sich nicht traut, dabei zu sein. Wer kann es ihnen verübeln? Um andere Menschen zu

verstehen, gehen sie zunächst von sich selbst aus, denn sich kennen sie am besten. Extrovertierte sind aber mit dem Wunsch, allein zu sein, nicht vertraut.
Dieses Vorurteil werden wir kaum ausräumen können, aber es dürfte uns ohnehin nicht allzu sehr belasten. Es interessiert mich kaum, ob mich jemand für schüchtern hält. Und wenn mich jemand direkt darauf anspricht, gebe ich gerne zu, dass ich mich in der Beobachterrolle wohl fühle und im Moment nichts zur Gruppe beizutragen habe.

2. Vorurteil: Introvertierte reden nicht gerne

Das ist eine Verallgemeinerung, die ich mit einem „kommt ganz darauf an" widerlegen möchte. Eine Variation dieses Vorurteils lautet, dass wir nichts zu erzählen hätten. Manchmal glaube ich das sogar selbst. Wir tun uns tatsächlich schwer mit Small Talk und reden nicht gern über Themen, mit denen wir uns nicht auskennen. Aus meiner Sicht ist es besser, in solchen Situationen nichts zu sagen.
Ganz anders sieht es aus, wenn wir über Themen reden, die uns interessieren, oder wenn wir unter Freunden sind. Ich unterhalte mich gern mit Freunden und bin immer wieder überrascht, wie lang solche Gespräche andauern können. Mit dem richtigen Gesprächspartner kann ich schon mal sieben Stunden im Café über Gott und die Welt reden. Ich werde dir später zeigen, unter welchen Voraussetzungen man mich – und vermutlich auch dich – zum Reden bekommt. Nur wenn du diese kennst, kannst du sie gezielt suchen. Ich finde es wichtig, sich solche Gelegenheiten zu schaffen. Auch wenn wir ein vergleichsweise geringes Mitteilungsbedürfnis haben, so ist es doch wohltuend, sich hin und wieder auszutauschen.

3. Vorurteil: Introvertierte sind passiv

Auch dieses Vorurteil ist nur vordergründig wahr. In Gruppen halten sich Introvertierte meist zurück und überlassen anderen das Wort. Wir warten erst einmal ab, wie andere sich verhalten. Dann fällt es uns tatsächlich schwer, uns am Geschehen zu beteiligen, selbst wenn wir es gern möchten.

Da Introvertierte weniger reden und sich in Gruppensituationen passiv verhalten, wird oft angenommen, dass wir Informationen bewusst zurückhalten, anstatt sie einfach auszusprechen. Dieses „einfach aussprechen" ist für uns jedoch leichter gesagt als getan. Gruppendiskussionen verlaufen sehr dynamisch und meistens nach den Regeln von Extrovertierten. Diese denken, **während** sie reden. Introvertierte hingegen denken, **bevor** sie reden. Beide Wege führen zum Ziel. Doch in einer extrovertierten Gesprächsrunde gehen Introvertierte unter.

In vielen Fällen ist es zielführender, Introvertierten Zeit zum Nachdenken zu geben und sie später unter vier Augen nach ihrer Meinung zu fragen. Dann wird deutlich, dass Introvertierte ihre Informationen nicht bewusst zurückhalten, sondern bereit sind, ihr Wissen zu teilen.

Wenn wir die Kontrolle über eine Situation erlangen, gehen wir zielorientiert voran. Die Kontrolle haben wir dann, wenn wir allein und für uns selbst verantwortlich sind. Dann treffen wir vorwärts gerichtete Entscheidungen und verfolgen unsere Ziele aktiv. Das trifft in jedem Fall auf mich zu. Ich führe heute ein sehr unabhängiges und gutes Leben, weil ich reflektiere, was ich möchte, und es nicht beim Reflektieren bleibt. Ich packe mein Leben aktiv an. Es liegt an uns, die Situationen zu suchen, in denen wir aufblühen. In dem Kapitel „Präferenzen im Arbeitsleben" werde ich dir zeigen, was das konkret im Büroalltag bedeutet.

4. Vorurteil: Introvertierte sind unfreundlich

Durch unsere zurückhaltende Art werden wir häufig als unfreundlich oder unhöflich wahrgenommen. Wir lächeln vergleichsweise wenig, verzichten gern auf vermeintlich unnötige Höflichkeitsfloskeln, und Small Talk sollte am besten verboten werden. Meinetwegen könnten wir nach einer kurzen Begrüßung gleich zum Thema kommen. In einer extrovertierten Gesellschaft wird jedoch mehr von uns erwartet: eine freundliche Frage nach dem Wohlbefinden oder ein Hinweis auf das Wetter oder auf das aktuelle Tagesgeschehen. Und das ist auch richtig so. Floskeln, oberflächliche Komplimente oder andere Formen von Anerkennung mögen sich überflüssig anfühlen. Natürlicher wäre es für uns, nur die Information zu kommunizieren, wegen der wir das Gespräch aufgenommen haben. Trotzdem können wir auf der intellektuellen Ebene verstehen, weshalb diese Dinge sinnvoll sind und von anderen Menschen praktiziert werden. Dann ist es unsere Entscheidung, ob wir nach diesen Regeln spielen wollen.

Ich weiß, dass wir es können, weil wir kein Stück unfreundlicher sind als andere Menschen. Wenn wir schriftlich kommunizieren, können wir es ja auch. Sophia Dembling erwähnt in ihrem Buch „The Introvert's Way", dass ihr viele Introvertierte kühl erschienen, als sie sich mit ihnen zur Recherche für ihr Buch traf. Die gleichen Menschen schrieben jedoch sehr warme E-Mails. Das entspricht auch meiner Erfahrung mit dem Forum für Introvertierte. Ich wollte nie ein Forum ins Leben rufen, denn früher oder später zerfleischen sich in jedem Forum einige Mitglieder gegenseitig. Doch in diesem Forum gehen alle Mitglieder auffällig freundlich miteinander um. Hinter einem Bildschirm fällt es uns leichter, Wärme zu vermitteln. Wir schreiben aus unserer Wohlfühlzone heraus und unterliegen dabei nicht der großen Stimulation, die soziale Situationen mit sich bringen. Das lässt uns mehr Spielraum, uns auf freundliche Gesten zu konzentrieren.

Wir sollten bewusst versuchen, diese Wärme auch in Gesprächen zu transportieren. Es erfordert etwas Offenheit, aber wir können es uns antrainieren. Seitdem ich mir dieses Vorurteils bewusst bin, arbeite ich daran, es zu widerlegen. Es ist ein langer Prozess. Der erste Schritt ist, sich nicht mehr darüber zu beklagen – auch nicht innerlich –, dass andere Menschen um den heißen Brei reden oder sich mit Komplimenten aufhalten. Sie mögen das. Warum sollten wir nicht so nett sein, ihnen diesen Gefallen zu tun? So respektieren wir die Wünsche von Menschen, die wir mögen oder von denen wir etwas wollen. Das schadet mit Sicherheit nicht.

Ich mache mir bewusst, dass diese Floskeln nicht sinnlos sind, sondern einen Zweck erfüllen. Ich zeige Interesse, Anerkennung und verteile hin und wieder ein Kompliment. Das fällt mir besonders schwer, da ich mich dabei selbst verwundbar fühle. Aber es lohnt sich. Jeder braucht Anerkennung und jeder freut sich über ein Kompliment – selbst Menschen, die das Gegenteil behaupten. Ach ja, und ein Lächeln wirkt übrigens auch Wunder!

5. Vorurteil: Introvertierte sind unsozial

Introvertierte brauchen viel Zeit allein und sind oft in ihren Gedanken versunken. Für Menschen, die sich allein eher langweilen und Leute um sich herum brauchen, ist das schwer zu verstehen. Ja, was soll derjenige auch anderes glauben, als dass wir unsozial seien und keine Menschen mögen?

Natürlich ist es ein Vorurteil. Wir haben nichts gegen Menschen. Genau genommen sagt Introversion nichts darüber aus, ob man Menschen mag oder nicht. Introversion ist eine Frage der Stimulation, und was ist stimulierender als andere

Menschen? Zehn Leute, die um mich herum aufeinander einreden, sind einfach zu stimulierend. Damit bin ich überfordert.

Wir brauchen Menschen um uns herum. Allein verkümmern wir. Mir ist es sogar sehr wichtig, mich immer wieder mit Menschen zu umgeben, die mich inspirieren und bei denen ich mich wohl fühle. Allerdings brauche ich das nicht so lange und nicht mit so vielen Menschen (schon gar nicht gleichzeitig) wie Extrovertierte. Wir haben einen kleineren Freundeskreis und das reicht uns auch.

Fühlst du dich von anderen Menschen abgekapselt (einsam), weil dir selbst der kleine Freundeskreis fehlt, weißt du ganz genau, wovon ich rede. Denn dieses Gefühl bedeutet, dass du sozial bist. Du brauchst andere Menschen.

6. Vorurteil: Introvertierte sind unnahbar

Dieses Vorurteil schmerzt mich etwas mehr, weil es dazu führen kann, dass interessante Menschen das Interesse an uns verlieren. Denn wer investiert schon in den Aufbau einer Beziehung mit unnahbaren Menschen?

Introvertierte sind von Natur aus eher verschlossen. Es dauert länger, unser Vertrauen zu gewinnen. Bis es so weit ist, geben wir wenig von uns preis. So kann der Eindruck entstehen, dass wir uns nicht öffnen wollen.

Ich bin mir dieses Problems bewusst. Schließlich ist Offenheit genau das, was ich von Freunden erwarte. Wer mir nur vom Wetter erzählt oder von Leuten, die ich gar nicht kenne, für den entwickle ich kein Interesse. Ich wünsche mir etwas Per sönliches. Dafür muss ich auch etwas geben. Ich versuche nun häufiger, etwas über mich zu erzählen, das persönlich ist und mir nicht immer leichtfällt. Je öfter ich das mache, desto leichter wird es. Offenheit ist übrigens eine der wesentlichen Grundlagen eines gesunden Selbstwertgefühls. Das zeige ich dir in dem Kapitel „Liebe den Introvertierten in dir“.

7. Vorurteil: Introvertierte gehen nicht gerne raus

Zu Hause gibt es die geringste Stimulation. Wenn wir uns erholen wollen, ist es dort am besten. Alles ist vertraut, es gibt keine Überraschungen und man läuft niemandem über den Weg (oder nur sehr nahe stehenden Menschen).
Das heißt allerdings nicht, dass wir nicht gerne rausgehen. Ich bin sogar sehr gern unterwegs. Das Vorurteil basiert wohl darauf, dass es bei Extrovertierten und Introvertierten unterschiedliche Vorstellungen davon gibt, was es heißt, rauszugehen und eine gute Zeit zu haben. Extrovertierte möchten an einem Samstagabend vielleicht gern in großer Runde durch die Bars ziehen. Das entspricht nicht gerade dem introvertierten Naturell (all die Stimulation!) und ist entsprechend kräftezehrend. Wir können es mitmachen, gehen aber vermutlich als Erste nach Hause.
Introvertierte stellen sich andere Dinge vor: ein Abend zu zweit im Restaurant, ein Spieleabend in kleiner Runde, ein Kinobesuch, ein gemeinsames Essen mit Freunden. Ein solch netter Abend kann meinetwegen viele Stunden andauern. Ich gehe also schon gern raus – nur weniger lange, mit weniger Leuten und in weniger stimulierende Umgebungen. Ich finde es sogar sehr wichtig, dass wir das tun und uns nicht nur in unsere sicheren vier Wände zurückziehen.

8. Vorurteil: Introvertierte sind unglücklich(er)

Um ehrlich zu sein, habe ich das früher auch häufig gedacht. Ich fragte mich manchmal: Können Introvertierte überhaupt glücklich sein? Wenn sich das Gedankenkarussell mal wieder endlos dreht, erwische ich mich auch heute noch bei dieser Frage. Ich kann mir vorstellen, dass dir der Gedanke nicht ganz fremd ist. Vielleicht bist du momentan nicht so glücklich,

wie du es sein könntest. Wer sich über Introversion informiert, macht das in den meisten Fällen nicht, weil er gerade glücklich ist. Vermutlich machen dich ein paar Aspekte der Introversion manchmal weniger glücklich.
Doch ich glaube, Introvertierte können so glücklich sein wie jeder andere auch. Zwar gibt es Studien, die behaupten, Extrovertierte seien glücklicher. Doch vielleicht dürfen wir uns hier nicht auf die Wissenschaft verlassen. Denn Glück ist gar nicht messbar. Es ist ein subjektives Gefühl. Um es messbar zu machen, ist man auf subjektive Aussagen angewiesen. Und mit denen gibt es gleich mehrere Probleme.

A. Was ist Spaß?

Ein ähnliches Vorurteil lautet, dass Introvertierte weniger Spaß haben. Ja, ich empfinde mich manchmal selbst als Spaßbremse, wenn andere euphorisch werden und ich nicht mitziehe. Oder wenn ich Aktivitäten dankend ablehne, die Spaß machen sollen.
Doch was ist eigentlich Spaß? Ist es wirklich etwas Universelles, das jeder gleich empfindet? Wohl kaum! Ich habe an Dingen Spaß, die andere gar nicht interessieren. Nach einem anstrengenden Tag freue ich mich darauf, mich aufs Sofa zu werfen und ein Buch aufzuschlagen. Manchmal verspüre ich richtige Vorfreude, mich an den Schreibtisch zu setzen und etwas zu schreiben. Diese Aktivitäten werden jedoch im Allgemeinen nicht unbedingt mit Spaß verbunden. Wenn also Studien darauf abzielen, Spaß zu bewerten, fehlen im Zweifel die Dinge, die mir Spaß machen.

B. Bewertung von Spaß

Das nächste Problem ist die Bewertung von Spaß. Angenommen, ein Extrovertierter und ich können uns auf eine Aktivität einigen, die uns beiden genauso viel Spaß bereitet. Wie bewerten wir diesen Spaß? Introvertierte neigen dazu, realistische

Einschätzungen zu geben: „Ich fühle mich gut dabei, sehe aber noch Potenzial nach oben." Wir sind Kopfmenschen und **bewerten** Situationen, anstatt unseren Gefühlen freien Lauf zu lassen. Ein Extrovertierter würde das gleiche Erlebnis positiver bewerten. Anstatt es mit anderen Erlebnissen zu vergleichen, lebt er ganz in dem Moment und sagt: „Yeah, ich habe Spaß!" So wird das gleiche Erlebnis, das von beiden gleich empfunden wurde, unterschiedlich kommuniziert.

C. Wirkung

Introvertierte geben ihrer Freude weniger Ausdruck. Dadurch wirken wir so, als hätten wir weniger Spaß. Oder andersherum ausgedrückt: Extrovertierte wirken so, als hätten sie mehr Spaß als wir. Dabei muss das nicht wahr sein. Wir können nie wissen, wie sich ein anderer Mensch wirklich fühlt. Wir können nur Annahmen aufgrund seines Verhaltens treffen, und das Verhalten Extrovertierter wirkt euphorischer als unseres. Wegen dieser positiven Wirkung dachte ich über einige Menschen lange Zeit, sie seien immer glücklich. Bis ich hinter die Fassade einiger vermeintlich glücklicher Menschen schauen durfte. Dahinter sieht es manchmal düsterer aus als in meinem eigenen Kopf.

Wie funktioniert Glück überhaupt?

Die Sache mit dem Glück ist die folgende: Es kommt und es geht. Wir sind nie länger als für einen kurzen Moment komplett glücklich. Wir suchen zwar ständig die Balance (ein Zustand des Glücks), doch kaum haben wir sie erreicht, verlieren wir sie wieder und begeben uns erneut auf die Suche. Glück ist also nichts, bei dem man irgendwann ankommt.

Unser Gehirn spielt uns einen fiesen Streich. Es lässt uns glauben, dass wir glücklich sein werden, wenn wir ein bestimmtes Ziel erreichen. Wenn ich in einer liebevollen Beziehung wäre, könnte ich glücklich sein. Wenn ich einen anderen Job hätte, wäre ich glücklich. Hätte ich eine Million auf dem Konto, wäre ich glücklich. Doch sobald wir diese Ziele erreichen, definiert unser Gehirn Glück wieder neu. Der Anspruch wird sofort erhöht. Wir werden nie den Endpunkt erreichen, an dem alles gut ist. „Und sie lebten glücklich bis an ihr Lebensende" gibt es nur im Märchen.

Dass wir nie komplett glücklich sind, ist auch in Ordnung, solange wir es nicht verpassen, unterwegs auch mal glücklich zu sein. Wir brauchen sogar dieses Gefühl, (noch) nicht glücklich zu sein. Denn in diesen Phasen wachsen wir. Wachstum setzt Reflexion voraus. Das wiederum ist eine introvertierte Stärke. Wir denken häufiger darüber nach, ob wir gerade glücklich sind oder irgendwie glücklicher werden können. Wenn wir daraus die richtigen Schlüsse ziehen, sind wir auf einem guten Weg. Glück muss man sich erarbeiten. Gehen wir einfach den Weg des geringsten Widerstandes, wachsen wir nicht und werden nicht glücklich.

9. Vorurteil: Introvertierte sind sonderbar

Auf Extrovertierte müssen wir wohl wirklich sonderbar wirken, und genau genommen sind wir es auch, weil einige unserer Präferenzen stark von denen abweichen, die für Extrovertierte als natürlich vorausgesetzt werden (weil sie es nicht anders kennen).

Vielleicht sind wir also etwas sonderbar. In dem Sinne, dass wir andere Vorlieben haben als extrovertierte und ambivertierte Menschen. Das ist aber völlig in Ordnung und sogar wünschenswert. Jeder Mensch ist ja Individualist. Die einen zeigen es mehr, die anderen weniger. Introvertierte – die sich nicht verstellen – stehen eher zu ihren individuellen Eigenschaften. Zwar können wir uns auch nicht immer von der Angst befreien, was andere von uns denken, aber wir lassen uns nicht

im gleichen Maße von der Masse treiben. Wir machen unser Ding, auch wenn es sonderbar wirkt.
Leider steht dies im Widerspruch zu einer anderen Eigenschaft von Introvertierten: Wir stehen ungern im Zentrum der Aufmerksamkeit. Doch das bringt Individualität nun einmal mit sich. Ich plädiere dafür, offen zu unseren Besonderheiten zu stehen. Es ist hart, das merke ich selbst immer wieder. Und nicht immer kann ich mich dazu durchringen, sondern tauche immer noch gern in der Masse unter. Doch ich lerne, zu meiner Meinung zu stehen, auch wenn absehbar ist, dass sie aneckt. Auf Wunsch erkläre ich sie gern. Wenn ich damit trotzdem nicht überzeugen kann, habe ich es wenigstens versucht und mich nicht verstellt. Diese Art von Ehrlichkeit ist wichtig, um introvertierte Standpunkte zu kommunizieren und um mit uns selbst im Reinen zu sein. Nur dieser Weg führt zu einem guten Selbstwertgefühl.

10. Vorurteil: Introvertierte müssen sich mal zusammenreißen

Wenn man von Introversion und Extroversion wenig versteht – oder Introversion mit Schüchternheit verwechselt –, kann man zu der Meinung gelangen, dass wir uns nur mal zusammenreißen müssten. Dann könnten wir mehr Spaß auf Partys haben, uns an Gruppendiskussionen beteiligen und Small Talk über Belanglosigkeiten führen.
Dieses Vorurteil basiert auf der Annahme, dass Introversion und Extroversion bewusste Entscheidungen sind. Das ist aber grundsätzlich falsch, denn diese Persönlichkeitsmerkmale sind teilweise angeboren und werden bereits früh im Leben geprägt. Es handelt sich um tief verankerte Präferenzen.
Dennoch ist auch etwas Wahres dran. Denn obwohl unsere Präferenz für Introversion keine bewusste Entscheidung ist, so haben wir dennoch einen freien Willen und können andere bewusste Entscheidungen treffen. Wir können uns z. B. dafür

entscheiden, unserer Persönlichkeitsmerkmale zum Trotz an uns zu arbeiten. Mit viel Übung können wir unsere Wohlfühlzone ausbauen. Vielleicht nur bis zu einem bestimmten Maß, und ganz sicher fühlen wir uns dabei nicht wohl, denn es wird uns viel Energie kosten. Doch es ist unsere Entscheidung, es trotzdem zu tun.

Ein Extrovertierter hat zwar kein Verständnis davon, wie schwer uns diese Dinge fallen. Aber er hat insofern recht, dass wir einen freien Willen haben. Und das ist eine Erkenntnis, die wir positiv verstehen sollten. Denn sie suggeriert, dass wir uns nicht dem Schicksal ergeben müssen, sondern an uns arbeiten können. Nicht an allen Fronten gleichzeitig, denn unsere Willenskraft ist limitiert. Aber wir können jene Fähigkeiten verbessern, die wir für unser Vorankommen im Leben wirklich brauchen.

Introvertierte & Extrovertierte: Passt das?

Introversion und Extroversion sind gleichwertige Präferenzen. Wir müssen uns von dem Gedanken verabschieden, dass das eine besser sei als das andere. Das ist nicht leicht, da uns immer wieder suggeriert wird, introvertierte Eigenschaften seien weniger erwünscht. Auf der anderen Seite rümpfen wir manchmal die Nase gegenüber Extrovertierten und unterstellen ihnen wenig Tiefgang oder teilweise sogar weniger Intelligenz. Vielleicht hast du das auch schon einmal gedacht. Wir haben ebenso Vorurteile gegenüber Extrovertierten wie sie gegenüber uns. Sie sind nur nicht so auffällig, da wir in der Minderheit sind und unsere Gedanken oft für uns behalten.

Das muss aufhören. Nur wenn wir anerkennen, dass beide Persönlichkeitsmerkmale gleichwertig sind, können wir den Beitrag von Extrovertierten schätzen lernen. Und noch wichtiger ist, dass wir uns als Introvertierte nur voll und ganz annehmen können, wenn wir auch das andere Extrem akzeptieren. Introversion gibt es nicht ohne Extroversion. Die beiden Gegensätze gehören untrennbar zusammen. Falls du einen Groll gegen Extrovertierte hegst, solltest du ihn einstellen. Es wäre einer der wichtigsten Schritte dahin, dich selbst zu akzeptieren. Sie sind, wie sie sind. Du bist, wie du bist. Das gilt auch, wenn du dich von Extrovertierten nicht akzeptiert fühlst. Das wird sich nie ändern, wenn du nicht den ersten Schritt machst.

Wenn ich mich heute mit Extrovertierten beschäftige, finde ich an ihnen immer Eigenschaften, die ich sehr sympathisch finde oder die mir sogar nützlich sein können. Natürlich bin ich trotzdem genervt, wenn mir jemand ohne Luft zu holen seine Lebensgeschichte und die all seiner Bekannten aufzwingt. Doch für mich ist das nur ein Grund, der Situation aus dem

Weg zu gehen. Ich denke deswegen nicht schlecht über diesen Menschen. In einer anderen Situation kann genau dieses Dauergerede sehr hilfreich sein.

Im Gegenzug gewinne ich immer mehr Respekt vor meiner Introversion. Immer öfter – wenn auch nicht immer – genieße ich sie, weil ich weiß, dass sie mich zu Dingen befähigt, die andere nicht können. Und ich habe Respekt vor anderen Introvertierten. Insbesondere vor jenen, die offen damit umgehen und sich als gleichwertig ansehen, was keine leichte Aufgabe für eine Minderheit ist.

Gegensätze ziehen sich an – oder?

Mit Verständnis für beide Seiten können Introvertierte und Extrovertierte starke Partner sein. Gerade über ihre Unterschiede sind die beiden Persönlichkeitstypen gut vereinbar. Denken wir an Rosa Parks und Martin Luther King – ein Beispiel, das Susan Cain in „Still" ausgiebig beschreibt. Noch lieber sind mir die Beispiele Steve Wozniak und Steve Jobs sowie Frank-Walter Steinmeier und Gerhard Schröder. Alle drei waren großartige Teams, die sich jeweils bestens ergänzten und zusammen noch stärker waren, als sie es allein gewesen wären.

Deshalb mag ich Extrovertierte. Sie ergänzen mich und ich ergänze sie. Sie gleichen meine Schwächen aus und ich kann sie mit meinen Stärken unterstützen. Gleichzeitig fordern sie mich heraus, meine Wohlfühlzone ein Stück auszudehnen. Wir können voneinander profitieren, wenn wir es schaffen, auf einer gemeinsamen Ebene zu kommunizieren.

1. Macher & Denker

Für Introvertierte spielt sich das halbe Leben im Kopf ab. Sie durchdenken eine Idee aus jeder Richtung, sind sehr gewissenhaft und gute Planer. Allerdings denken sie gern so lange, bis eine Idee völlig zerdacht ist und sie genügend Probleme gefunden haben. So wird es schwierig mit der Umsetzung.

Extrovertierte hingegen gelten eher als Macher. Sie konzentrieren sich lieber auf die Umsetzung, als alles bis ins kleinste Detail zu planen. Doch ohne Ziel und Plan endet das in sinnlosem Aktionismus. Macher brauchen daher Denker, um etwas umsetzen zu können. Die Mischung macht's. Das gemeinsame Ergebnis wird letztendlich besser sein.

2. Außen- & Innenwirkung

Viele Extrovertierte können sehr gut verkaufen: Produkte, Ideen, sich selbst. Sie können Menschen begeistern und überzeugen, sie können präsentieren und Dinge ausdiskutieren. Sie sind gute Netzwerker, machen Kontakte, unterhalten ihr Umfeld mit Small Talk und wecken dadurch bei ihren Gesprächspartnern schneller Vertrauen.
Das sind Dinge, mit denen Introvertierte am liebsten nichts zu tun hätten. Wir arbeiten lieber im Hintergrund, recherchieren, planen, entscheiden – und halten unseren extrovertierten Partnern den Rücken frei. Frank-Walter Steinmeier war besonders stark, als er unter Gerhard Schröder das Kanzleramt leitete. Zu der Zeit kannte ihn zwar kaum jemand, aber dieses Zusammenspiel galt als Erfolgsmodell der damaligen Bundesregierung. Sie waren ein gutes Team. Als Steinmeier später selbst im Rampenlicht stand und Bundeskanzler werden wollte, konnte er seine Stärken nicht so gut ausspielen. Er verlor den Wahlkampf. Immerhin gegen eine andere Introvertierte: Angela Merkel.

3. Euphorie & Vernunft

Extrovertierte sind euphorischer und mutiger – dadurch gehen sie höhere Risiken ein. Der Spruch „No risk, no fun“ wurde vermutlich von einem Extrovertierten erfunden. Das ist auch gut so, denn ohne Mut und Risiko geht nur wenig voran. Doch sie haben auch eine Schattenseite: Der Verstand setzt aus und es entstehen vermeidbare Fehler.

Hier kommt der introvertierte Partner ins Spiel, der von vornherein viel zu nüchtern ist, um sich einem Rausch hinzugeben. Introvertierte sind vorsichtiger, vernünftiger und grundsätzlich skeptisch. Das steckt in uns drin. Das allein sind zwar keine guten Eigenschaften, sondern eine Garantie für Langeweile. Aber sie sind die perfekte Ergänzung zur extrovertierten Euphorie.

Introvertierte und Extrovertierte ergänzen sich nicht nur gut. Sie ziehen einander an. Menschen interessieren sich im ersten Moment für Menschen, die anders sind als sie selbst. Das Fremde wirkt attraktiv. Mit der Zeit sind die unterschiedlichen Präferenzen jedoch eine explosive Mischung. Je extremer die Unterschiede, desto mehr Konflikte gibt es. Auf lange Sicht möchten wir uns lieber mit Menschen umgeben, die uns ähnlich sind – denn das macht das Leben leichter.
Auf Dauer können enge Intro-Extro-Beziehungen daher nur funktionieren, wenn beide Seiten Verständnis füreinander entwickeln. Dafür gibt es drei Voraussetzungen:

1. Beide müssen ihre eigenen Präferenzen kennen.
2. Diese Präferenzen müssen sie dem jeweils anderen verständlich kommunizieren.
3. Jeder muss Rücksicht auf die Präferenzen des anderen nehmen.

Nur so lassen sich Aufgaben und Rollen verteilen und Kompromisse schließen.

2. Ein Leben nach Präferenzen

Introvertierte Menschen sind sich in vielen Eigenschaften ähnlich. Diese Eigenschaften sind bei jedem anders ausgeprägt – je nachdem, wie weit im introvertierten Bereich auf der Energieskala man sich befindet. Sie können in der einen Situation eine Schwäche sein, in der nächsten aber eine Stärke. In diesem Kapitel möchte ich viele dieser Situationen gegenüberstellen. Die Herausforderungen wirken häufig größer und zahlreicher als die introvertierten Stärken, mit denen wir punkten können. Das haben Herausforderungen so an sich. Sie wirken in unseren Köpfen manchmal unüberwindbar. Als ich im Forum fragte, welchen Problemen sich Introvertierte im Alltag ausgesetzt sehen, erhielt ich viele Antworten. Anschließend wollte ich wissen, in welchen Situationen wir als Introvertierte glänzen können. Auf diese Frage erhielt ich wesentlich weniger Antworten. Wir neigen leider dazu, unsere Stärken nicht als solche wahrzunehmen.
Sie sind da, aber es ist nicht leicht, sie in einem extrovertierten Umfeld zu erkennen. Auch mir fiel es schwer, als ich dieses Kapitel plante. Bis ich einmal alles ganz strukturiert aufarbeitete (wie introvertiert von mir!). Dabei half mir eine Vereinfachung, die ich aus dem Buch „Die Macht der Introvertierten“ von Marti Olsen Laney übernommen habe. Demnach unterscheiden sich Extrovertierte und Introvertierte deutlich hinsichtlich dreier wichtiger Präferenzen. Jede unserer introvertierten Eigenschaften lässt sich auf eine oder mehrere dieser drei Präferenzen zurückführen.

1. Energie von innen

Introvertierte präferieren die Welt der inneren Gedanken und ziehen auch ihre Energie aus dem Inneren. Sie fühlen sich wohl, wenn sie allein sind, in ihren Gedanken versinken, über ihren Tag und das Leben an sich reflektieren, Ideen spinnen oder sich tief konzentrieren. Das gibt ihnen Energie. Sie verlieren ihre Energie, wenn sie sich nach außen wenden und in einer extrovertierten Welt interagieren müssen. Extrovertierte hingegen ziehen ihre Energie aus genau dieser Interaktion mit der Umwelt.

2. Stimulation

Durch ihre Ausrichtung nach innen können Introvertierte weniger Einflüsse von außen aufnehmen. Sie sind ihr bestes Selbst, wenn sie wenig Stimulation erfahren. Zu viele Eindrücke auf einmal können sie nicht verarbeiten. So sind Introvertierte schnell überwältigt, wenn zu viel gleichzeitig geschieht. Auf der anderen Seite sind Introvertierte nicht auf Dauerstimulation angewiesen. Man muss sie nicht bei Laune halten. Sie können sich ganz gut selbst beschäftigen. Damit wiederum tun sich Extrovertierte schwer. Sie brauchen wesentlich mehr Eindrücke von außen, um sich wohl zu fühlen. Wer die Idee der Stimulation verinnerlicht, kann sich bewusst in Situationen begeben, die dem individuellen Optimum entsprechen. Genau dort zwischen Überforderung und Langeweile.

3. Tiefe

Introvertierte haben eine Vorliebe für Tiefe. Das ist die dritte große Präferenz, anhand derer sie sich von Extrovertierten unterscheiden. Extrovertierte bevorzugen viele Freunde, viele Erfahrungen, viele kurze Gespräche. Sie wissen über alles ein bisschen Bescheid und können so überall etwas beitragen. Als Generalisten nehmen sie viele Eindrücke von außen auf, verarbeiten diese innerlich aber nur oberflächlich. Sie bevorzugen es, ihre Gedanken sofort in die Tat umzusetzen oder auszusprechen. In vielen Situationen ist das genau richtig, doch in anderen stoßen sie damit an Grenzen.

Introvertierte hingegen bevorzugen die Tiefe. Sie wollen keinen riesigen Freundeskreis, brauchen nicht unzählige Erlebnisse, und oberflächliche Gespräche liegen ihnen schon gar nicht. Sie wollen von all dem nur wenig, aber mit dem wenigen beschäftigen sie sich dafür umso intensiver. Jede neue Erfahrung gärt lange in ihnen. Um Informationen in dieser Tiefe verarbeiten zu können, müssen sie sich vor unwichtigen Informationen abschotten. Wenn sie sich ungestört in ein Thema vertiefen, darf es auch gern komplex werden. Viele von uns verbeißen sich mit Ausdauer in eine Problemstellung, bis sie die Lösung finden. Ich finde es schwer vorstellbar, dass ein stark Extrovertierter Einsteins Relativitätstheorie hätte aufstellen können. Diese bedingungslose Vertiefung widerspricht ihrer Präferenz für breites Wissen.

Diese drei Präferenzen können wir nicht unabhängig voneinander betrachten. Sie sind eng miteinander verknüpft. Im Zentrum steht unser Energiehaushalt. Ist dieser gut aufgefüllt, fühlen wir uns wohl. Auffüllen können wir ihn nur, wenn wir uns Zeit für Tiefe nehmen. Tiefe Beziehungen in unserem Privatleben oder komplexe Aufgaben im Beruf. Das ist nicht möglich, wenn wir zu sehr stimuliert werden. Ein komplexes Problem lösen wir nicht im Brainstorming-Meeting. Im Gegenteil: Diese Stimulation raubt uns sogar unsere Energie, macht uns müde und hilflos. Dennoch dürfen wir die Stimulation nicht zu weit herunterfahren. Denn ohne neue Eindrücke können wir nicht mehr wachsen oder werden vereinsamen, wenn wir uns abschotten. Beides macht uns letztendlich unglücklich, und das wollen wir ja nicht sein.

In diesem Kapitel möchte ich dir typische Situationen vorstellen, in denen du dich als Introvertierter garantiert wiedererkennst. Ich werde dir zeigen, dass unser natürliches Verhalten in diesen Situationen stets auf die drei großen Präferenzen zurückzuführen ist. Und ich werde dir zeigen, dass es für jede Situation, mit der wir uns aufgrund unserer Präferenzen schwertun, eine Situation gibt, in der wir mit der gleichen Präferenz unsere Stärken ausspielen können.

Stärken und Schwächen richtig bewerten

Bevor ich zu den konkreten Situationen komme, möchte ich dich ein wenig für den Umgang mit Stärken und Schwächen sensibilisieren. Wie jeder Mensch habe ich manche Schwächen. Einige davon sind typisch introvertiert. Lass mich dir ein paar Beispiele nennen:

- Ich kann nicht spontan vor Menschen reden.
- Ich bin kein guter Netzwerker. Zu Small Talk muss ich mich zwingen.
- In Gruppen bin ich meistens der Ruhigste. Ich komme kaum zum Zug.
- Diskussionen sind nicht meine Stärke. Ich brauche länger als andere, mir meine Argumente zurechtzulegen.
- Es liegt mir nicht, Menschen zu unterhalten.

Das ist nur eine kleine Auswahl meiner Schwächen, die ich auf das Persönlichkeitsmerkmal Introversion zurückführe. Diese Fähigkeiten sind bei mir unterdurchschnittlich gut ausgeprägt. Ich werde nie der Beste in diesen Dingen sein, da sie nicht meiner natürlichen Präferenz entsprechen. Aber mit etwas Motivation und einigem Aufwand könnte ich mich deutlich verbessern. Introversion mag angeboren sein und in den frühen Lebensjahren manifestiert werden. Doch das heißt nicht, dass ich mich meinen Schwächen ergeben muss. Sie sind nur eine Hürde, die für mich schwieriger zu überwinden ist als für andere Menschen. Ich möchte dir in diesem Buch vermitteln, dass die Überwindung möglich ist.

An Schwächen arbeiten

Doch ich möchte auch die Frage in den Raum stellen, ob wir das tun sollten. Wie sinnvoll ist es, an all unseren Schwächen zu arbeiten? Ich denke, es ist sinnlos. Wir hätten ein miserables Leben. Jedes Mal, wenn wir an einer Schwäche arbeiten, verlassen wir unsere Wohlfühlzone und leben gegen unsere innere Präferenz. Ich empfehle dir dringend, dies hin und wieder zu tun, aber nur für einen kleinen Teil deiner Zeit.

Ich wäre gern in all diesen Dingen besser, die uns als Introvertierte das Leben schwer machen. Aber wenn ich mir überlege, welchen Aufwand das für mich erfordert, lehne ich bei vielen Dingen dankend ab.

Als ich ein Unternehmen leitete, spielte Networking eine Rolle in meinem Leben. Ich konnte mich damit nie richtig anfreunden, aber ich las einige Bücher zu dem Thema. Eines der besten Werke ist „Geh nie alleine essen!" von Keith Ferrazzi. Der Autor ist ein leidenschaftlicher Netzwerker und versteht es, das in seinem Buch zu vermitteln. Alles, was er zum Netzwerken zu sagen hat, halte ich für sinnvoll. Doch beim Lesen stellte ich zwei Dinge fest: Ich bin sehr weit davon entfernt, ein guter Netzwerker zu sein (das war nicht überraschend) und alles, was den Autoren zu einem guten Netzwerker macht, fühlt sich für mich völlig falsch an. Ich kann mich bemühen, es zu lernen. Ich kann mir die Zeit nehmen, diese Ratschläge zu befolgen, auch wenn mein Herz nicht daran hängt. Ich müsste deutlich mehr machen, als nur Bücher zu lesen. Es würde mich viel Aufwand kosten. Ich müsste jeden Tag gegen meine Präferenzen leben. Am Ende wäre ich einer von vielen guten Netzwerkern. Doch das ist es mir nicht wert. Networking ist keine Fähigkeit, die mir wirklich wichtig ist.

Wir können nicht alles an uns verbessern. Jeder Schritt aus unserer Wohlfühlzone erfordert Mut und Willenskraft. Doch Willenskraft ist nicht unendlich. Du kennst das ja sicherlich auch: Wenn du dir zu viele Dinge gleichzeitig vornimmst, setzt du am Ende nichts davon um. Wir haben einfach zu wenig Willenskraft für alles. Das Leben wird zur Qual, wenn wir uns nur mit dem beschäftigen, was wir nicht gut können. Daher müssen wir uns für Dinge entscheiden, die uns wichtig sind. Ich empfehle, dich auf jene Schwächen zu konzentrieren, die dein Leben wirklich beeinträchtigen. Wenn du nur diese ein oder zwei Schwächen angreifst, hast du eine gute Chance, diese Hürden zu überwinden. Mit allem anderen müssen wir leben – oder besser noch: Wir richten unser Leben so aus, dass diese Schwächen nicht weiter ins Gewicht fallen.

Selbst wenn wir eine Fähigkeit deutlich verbessern, werden wir uns in entsprechenden Situationen nie hundertprozentig wohl fühlen. Wir können unser Gehirn dahingehend trainieren, dass wir Dinge können, die uns heute noch schwerfallen. Aber wir können nicht unsere innere Präferenz ignorieren. Es ist sehr wahrscheinlich, dass wir auf diesen Gebieten nie zur Koryphäe werden, sondern durchschnittlich oder leicht überdurchschnittlich. Aber Mittelmaß ist kein Rezept für ein erfolgreiches Leben.

Auf den ersten Blick erscheint es sinnvoll, an Schwächen zu arbeiten. Sie sind uns unangenehm. Wir möchten nicht, dass andere Menschen auf sie aufmerksam werden und uns für schwach halten. Es liegt nahe, sie ausmerzen zu wollen. Trotzdem denke ich, dass es falsch ist, sich überwiegend auf Schwächen zu konzentrieren. Wie viel angenehmer ist es wohl, an etwas zu arbeiten, das wir schon gut können?

An Stärken arbeiten

Ich finde es sinnvoller, uns mit den Stärken zu beschäftigen. Nicht, weil wir da schon glänzen und uns nun beruhigt zurücklehnen können, sondern, weil Stärken sehr mächtig sind, wenn wir sie richtig einsetzen.

Einige meiner Stärken sind typisch introvertiert, andere sind eher unspezifisch. Einige Beispiele aus meinem Berufsleben:

- Ich kann sehr gut mit Geld umgehen.
- In hektischen Situationen bewahre ich die Ruhe.
- Ich kann Wichtiges von Dringendem unterscheiden.
- Wenn ich eine gute Idee habe, setze ich sie um.
- Ich bin gut organisiert.
- Ich bin sehr gewissenhaft und durchdenke wichtige Entscheidungen sehr genau.
- Auf mich kann man sich verlassen.
- Ich mag keinen Stillstand, sondern suche die ständige Verbesserung.
- Ich drücke mich schriftlich gut aus.
- Ich finde kreative Problemlösungen.

Das sind einige meiner Stärken. Heute suche ich mir bewusst Aufgaben, bei denen meine Stärken zur Geltung kommen. Während meiner Zeit als Geschäftsführer einer Agentur gab ich Aufgaben ab, die anderen besser lagen als mir. Zurzeit bin ich Einzelunternehmer. Zwar kann ich unliebsame Aufgaben nun nicht einfach abgeben, aber ich kann mich ganz bewusst entscheiden, woran ich überhaupt arbeiten möchte. So konzentriere ich mich momentan auf eine meiner Stärken: das Schreiben. Mich schriftlich auszudrücken ist meine natürliche Präferenz. Das allein macht mich nicht zu einem guten Autor. Aber es ist eine Aufgabe, die mich wenig Überwindung kostet und die mich nicht auslaugt. Jede Woche wende ich viele Stunden dafür auf. So werde ich immer besser und kann mit meinen Texten mehr Menschen erreichen. So versuche ich, einen positiven Einfluss auf ihr Leben zu nehmen.

Wenn wir uns auf Stärken konzentrieren, können wir zu etwas Besonderem werden. Es kommt nicht von selbst, aber der besondere Erfolg ist möglich. Der Autor Malcolm Gladwell macht in seinem Buch „Überflieger" den Unterschied zwischen mittelmäßigen und sehr erfolgreichen Menschen aus: 10.000 Stunden Arbeit. Laut dieser 10.000-Stunden-Regel müssen wir 10.000 Stunden Arbeit in etwas investieren, um außergewöhnlich gut darin zu werden. Lassen wir einmal dahingestellt, ob die Höhe dieser Zahl korrekt ist. Es ist vollkommen nachvollziehbar, dass nur Übung den Meister macht. Niemand wird Fußballnationalspieler, wenn er in seiner Jugend einmal die Woche zum Kicken in den Hof geht. Niemand wird jemals ein erfolgreicher Musiker, ohne über Jahre jeden Tag zu proben. Diese Erkenntnis ist ein gutes Argument dafür, uns auf Stärken zu konzentrieren. Denn wie gut kann das wohl mit unseren Schwächen funktionieren? 10.000 Stunden Arbeit an etwas, mit dem ich mich stets unwohl fühle? Nein danke.

Ich möchte dir hier keine Ausrede dafür anbieten, dich auf deinen Schwächen auszuruhen. Introversion darf nie eine Ausrede sein. Damit begibst du dich in die Opferrolle, aus der dich niemand heraushölt. Introversion ist bestenfalls eine Erklärung dafür, warum dir einige Dinge schwerfallen, die anderen leicht von der Hand gehen. Wenn dich eine deiner Schwächen daran hindert, im Leben voranzukommen, musst du an ihr arbeiten. Doch den größeren Teil deiner Zeit und Energie solltest du darauf verwenden, deine Stärken weiterzuentwickeln.
Solltest du dir deiner Stärken noch nicht bewusst sein, wirst du sie am Ende dieses Kapitels hoffentlich etwas klarer sehen. Ich werde dir zeigen, dass jede Präferenz in einer Situation eine Schwäche sein kann – und in einer anderen eine Stärke.

Das Kapitel unterteilt sich in drei Abschnitte:

A. Präferenzen im Sozialleben

B. Präferenzen beim Denken

C. Präferenzen bei der Arbeit

A. Präferenzen im Sozialleben

Menschen weniger Worte

Es ist eines der auffälligsten Merkmale introvertierter Menschen: Ihr Redeanteil liegt in Gesprächen oft bei deutlich weniger als der Hälfte, vor allem in Gruppen und gegenüber fremden Menschen. Sie verlieren nicht unnötig viele Worte, sondern kommunizieren nur das, was sie für wichtig halten. Introvertierte schmücken ihre Worte nicht blumig aus. Sie bleiben bei den Tatsachen, und die sind meistens schnell erzählt. Das ist wenig überraschend, wenn man weiß, dass Introvertierte nach innen gerichtet sind. Sie bevorzugen die innere Welt der Gedanken gegenüber der Interaktion nach außen.

So seltsam es zunächst klingen mag: Es kann uns schaden, nicht unnötig viel zu reden. Zahlreiche Studien belegen, dass gesprächige Menschen als intelligenter, interessanter und sogar besser aussehend (!) wahrgenommen werden. Mit ihnen möchte man eher befreundet sein als mit jemandem, der den Mund nur selten aufmacht. Wir trauen diesen Menschen einfach mehr zu. Dabei schließe ich uns Introvertierte ein. Wir neigen genauso dazu, gesprächige Menschen spontan lieber zu mögen. Das ist reine Psychologie, die wir zu akzeptieren haben.
Außerdem führt unsere Ausrichtung nach innen zu Missverständnissen. Viele Introvertierte berichten davon, sich unverstanden zu fühlen. Es ist kein Wunder. Kommunikation zwischen Menschen findet nun einmal nach außen statt. Doch wer nach innen gerichtet ist, für den wirkt die Interaktion mit Außenstehenden unnatürlich. Wir müssen uns dazu zwingen. Das schließt die nonverbale Kommunikation ein, denn ein

wesentlicher Teil von Kommunikation findet ohne Worte statt. Wie wir uns beim Reden verhalten, ist mindestens genauso wichtig wie das, was wir sagen. Doch wir gestikulieren nicht wild mit den Armen und lassen unsere Gesichtszüge nicht entgleiten, um das gesprochene Wort zu unterstreichen. Für andere Menschen sind wir so schlecht zu lesen. Wer seine Worte nicht nonverbal unterstützt, ist auf die richtige Interpretation des Gesprächspartners angewiesen. Missverständnisse sind vorprogrammiert.
Auch unsere Art zu reden ist für extrovertierte Menschen gewöhnungsbedürftig. Introvertierte reden langsamer und leiser als andere Menschen. Das betrifft vor allem Situationen, in denen sie sich nicht wohl fühlen, beispielsweise in Meetings, in Gesprächen mit fremden Menschen oder in Diskussionen über Themen, die ihnen kaum geläufig sind. Durch die langsame und leise Aussprache brauchen Zuhörer viel Geduld. Sehr extrovertierte Menschen haben diese Geduld nicht. Das macht sich insbesondere in Gruppengesprächen bemerkbar. Extrovertierte neigen dazu, langsame Redner zu unterbrechen, weil sie es nicht erwarten können, ihre eigene Meinung in die Runde zu werfen.

Es gibt zwei Möglichkeiten, mit diesen Erkenntnissen umzugehen. Zum einen können wir uns gezielt Situationen suchen, in denen wir uns wohler fühlen und automatisch mehr und enthusiastischer reden. Diese Situationen gibt es, wie ich dir gleich zeigen werde. Doch nicht immer können wir uns unser Umfeld aussuchen. Manchmal müssen wir Gespräche in einem schwierigen Umfeld meistern. Wenn das für dich wichtig ist – z. B. weil du beruflich häufig unter Menschen deinen Mund aufbekommen musst –, dann kannst du es lernen. Das, was Extrovertierte bereits intuitiv wissen, kannst du dir beibringen. Diese Dinge mögen für dich nicht natürlich erscheinen, aber du kannst sie intellektuell lösen, indem du verstehst, wie Kommunikation funktioniert. Da du mit diesen Schwierigkeiten nicht alleine auf der Welt bist, gibt es bereits eine Reihe von Büchern. Der Klassiker ist Dale Carnegies „Wie man Freunde gewinnt". Auch über die Körpersprache von Menschen gibt es einige gute Bücher. Diese Werke zu lesen ist der leichte Teil. Die praktische Anwendung ist wesentlich schwieriger. Doch zu verstehen, wie Kommunikation funktioniert, hat mir selbst sehr geholfen, mich anderen Menschen gegenüber offener zu verhalten. Wenn dir das allein nicht genügt, ist ein Kommunikationscoaching der nächste logische Schritt. Je nachdem, wie wichtig es dir ist, besser zu kommunizieren, solltest du mehr oder weniger Aufwand investieren. Auch wenn deine innere Präferenz sich nicht verändern wird, so kannst du diese Dinge lernen.

Bevor ich dir zeige, wie wir uns Situationen erschaffen können, in denen wir uns angeregt unterhalten, möchte ich dir zeigen, warum es auch gut sein kann, nur das Nötigste zu reden.

Die andere Seite der Medaille

Unsere behutsam gewählten Worte sind nichts weiter als ein Merkmal für unsere Präferenz für Tiefe. Wir Introvertierte denken, bevor wir reden. Wir wünschten, es wäre eine Selbstverständlichkeit. Doch sehr extrovertierte Menschen funktionieren anders. Für sie ist das Sprechen ein Teil des Denkprozesses. Was sie aussprechen, muss daher noch nicht ihre Meinung sein. Es sind häufig nur Gedanken. Ich finde es bis heute schwierig, damit umzugehen. Doch für das zwischenmenschliche Verständnis ist diese Erkenntnis sehr wichtig. Bei Introvertierten ist es anders. Was sie sagen, das gilt. Daher hat ihr Wort ein größeres Gewicht. Sie verbringen viel Zeit in ihrem Kopf, wägen alle Informationen ab, beleuchten Vor- und Nachteile. Wenn sie dann den Mund aufmachen, hat ihre Aussage Substanz.

Im Forum lese ich häufig die Meinung von etwas verbitterten Introvertierten, dass heute niemand mehr Interesse an Tiefe und Substanz hätte. Die heutige Welt sei oberflächlich. Das entspricht nicht meiner Erfahrung. Falls du diese Einstellung hast, solltest du sie abschütteln. Im Leben bekommst du immer das, was du erwartest. Wenn du davon ausgehst, dass niemand deine Meinung zu schätzen weiß, wird sich tatsächlich niemand für sie interessieren oder es wird dir nicht einmal auffallen, wenn es doch jemand tut. Ich gehe davon aus, dass mein Umfeld meine Meinung zu schätzen weiß. Und genau das erfahre ich in meinem Alltag. Nicht immer können andere Menschen mit unserer Ernsthaftigkeit umgehen. Doch in schwierigen Situationen sind sie für eine substanzielle Meinung sehr dankbar. Niemand hat die Geduld für endloses Geschwafel, wenn ein Problem gelöst werden soll. Vielleicht dankt dir nicht jeder in dem Ausmaß, das du dir wünschst. Doch sie schätzen dich für deine reflektierte Meinung. Jedes Mal, wenn du um Rat gefragt wirst, ist das ein sicheres Zeichen dafür. Jeder, der dich fragt, will deine substanzielle Antwort und nicht die Antwort eines Schwaflers. Das solltest du als Anerkennung verstehen.

Vermutlich wünscht sich jeder Menschen um sich herum, die beides können: Mit blumigen Geschichten unterhalten und gehaltvolle Antworten beisteuern. Aber niemand kann alles haben. Wie so oft im Leben müssen wir Prioritäten für das setzen, was wir wollen. In der einen Situation wollen wir uns seicht unterhalten lassen, in der anderen möchten wir ein tiefes Gespräch führen. Wer beides in seinem Umfeld hat, darf sich am glücklichsten schätzen. Ich würde gern beides sein. Der Freund, mit dem man eine gute Zeit haben kann, und der Freund, mit dem man sich gut unterhalten kann. Doch nur die ausgeglichensten Menschen können beides. Zu diesen zähle ich mich nicht. Ich finde es wichtig, uns selbst Anerkennung für das zu zeigen, was wir für andere Menschen tun können. Sehr introvertierte Menschen können vor allem zuhören und eine fundierte Meinung beisteuern. Das hat für andere Menschen einen hohen Wert. Das ist eines unserer Alleinstellungsmerkmale.

Wie man uns zum Reden bekommt

Es ist ja nicht so, dass wir ungern reden. Das ist ein Vorurteil, das ich eingangs bereits mit einem „kommt ganz darauf an" entkräftet habe. Wie du bereits gesehen hast, gibt es viele Situationen, in denen wir vergleichsweise wenig reden. So kann es durchaus vorkommen, dass mein Redeanteil in einem Gespräch bei unter zehn Prozent liegt. Das könnte einem Extrovertierten nicht passieren! Ich kann aber nicht behaupten, diese Gespräche zu genießen. Vielmehr ermüde ich nach wenigen Minuten und suche nach einem Fluchtweg, da sich in meinem Kopf längst ganz andere Gedanken abspielen.
Aber auch das ist der Introvertierte in mir: Eine meiner Lieblingsbeschäftigungen ist es, Freunde zum Essen zu treffen und mich mit ihnen zu unterhalten. Je größer das Vertrauensverhältnis ist, desto länger und tiefer sind die Gespräche. Die können sich einige Stunden hinziehen. Solche Situationen kann ich bewusst herbeiführen. Dabei sollten einige Voraussetzungen erfüllt sein. Ich bin anspruchsvoll, wenn es darum geht, intensive Gespräche zu führen. Das kann man arrogant finden oder nicht. Es handelt sich dabei um meine Präferenz. Die folgenden Umstände machen es mir – und vermutlich auch dir – vergleichsweise leicht, angenehme Gespräche zu führen.

1. Vertrauen

Am liebsten unterhalte ich mich mit Menschen, die ich bereits gut kenne. So baue ich zwar keine neuen Beziehungen auf, kann aber die bestehenden festigen. Je mehr Vertrauen ich einem Menschen entgegenbringe, desto mehr gebe ich von mir preis und desto besser wird das Gespräch für beide Seiten.

2. Gemeinsame Themen

Über Themen, die uns sehr interessieren, können wir uns stundenlang unterhalten. Da ich allerdings niemandem etwas erzählen will, das ihn nicht interessiert, sollte es zwischen mir und meinem Gesprächspartner mindestens ein gemeinsames Thema geben. In diesem muss ich mich gut auskennen, und das setzt eine gewisse Leidenschaft voraus. Du wirst mich nie große Reden schwingen hören, wenn ich nicht im Stoff stehe. Ich kann nicht einfach irgendetwas erzählen. Und selbst wenn mich ein Thema interessiert, so hilft es, wenn man mir konkrete Fragen stellt. Idealerweise habe ich mir über genau diese Fragen schon einmal Gedanken gemacht. Vielleicht habe ich diese Gedanken sogar schon aufgeschrieben. Das hilft mir, mich darüber ausführlich zu unterhalten.

3. Offenheit

Je offener und ehrlicher ein Gespräch ist, desto mehr gibt es mir und desto länger kann es dauern. Das kostet einige Überwindung, aber wenn beide Seiten sehr offen miteinander umgehen, kann ein Gespräch gar nicht einschlafen. Das gilt für jedes Gespräch. Wenn wir uns mit einem Menschen rein gar nichts zu erzählen haben, liegt das für gewöhnlich daran, dass wir nur an der Oberfläche kratzen und nicht offen sind. Ich würde gerne noch mehr offene Gespräche führen, doch ich muss mich immer wieder selbst dazu antreiben, offen zu sein. Wie wichtig Offenheit nicht nur für unsere Beziehungen, sondern für unser Selbstwertgefühl ist, zeige ich dir im Kapitel „Liebe den Introvertierten in dir“.

4. Zweiergespräch

Die besten Gespräche gibt es zu zweit. Jede weitere Person nimmt dem Gespräch etwas mehr Tiefe. Zu dritt kann ich mich noch gut unterhalten. Zu viert wird es schon grenzwertig – ein wirklich offenes Gespräch ist es dann nicht mehr. In noch größeren Runden fühle ich mich unwohl. Diese versuche ich zu vermeiden. Wenn es doch nicht anders geht, nehme ich nicht am großen Tischgespräch teil, sondern rede entweder mit ein oder zwei Leuten in meiner Nähe – oder gar nicht.

5. Zuhören

Mein Redeanteil muss nicht hoch sein. Ich kann mich in einem Gespräch wohl fühlen, wenn ich nur 30 Prozent der Zeit rede. Aber wenn ich rede, dann muss zugehört werden. Das erfordert manchmal Geduld von meinem Gesprächspartner. Bei schwierigen Fragen kann es vorkommen, dass ich mir einige Sekunden nehme, bevor ich antworte.

Introvertierte sind ja selbst hervorragende Zuhörer und ich weiß, dass sich einige ausgenutzt fühlen. Es geht ihnen gegen den Strich, wenn in einer Unterhaltung nur einer redet. Das kann mit sehr extrovertierten Gesprächspartnern schon einmal vorkommen und es ist keine Voraussetzung für ein gutes Gespräch. Allerdings liegt es meistens auch in unserer Hand, diese Gespräche zu beenden und sie nicht ein zweites Mal zu suchen. In einem guten Gespräch müssen beide Seiten zuhören können.

6. Echtes Interesse

Ein gutes Gespräch erfordert echtes Interesse auf beiden Seiten. Ich brauche das Vertrauen, dass sich mein Gegenüber wirklich für meine Worte interessiert – sonst erzähle ich nichts. Echtes Interesse wird mir beispielsweise durch konkrete Fragen signalisiert. Auf allgemeine Fragen weiß ich oft keine Antwort. Manchmal bitte ich sogar gezielt darum, mich etwas Konkreteres zu fragen. Das mag merkwürdig wirken, doch es bringt das Gespräch voran.

Interessierte Menschen formulieren auch nicht in Gedanken an ihrer eigenen Antwort, während der andere noch redet. Das fällt auf! Manchmal bin ich selbst derjenige, der gedanklich an seiner Antwort arbeitet. Wenn ich mich dabei erwische, versuche ich mich wieder auf meinen Gesprächspartner zu konzentrieren, und verwerfe die Antwort. Je mehr Interesse ich verspüre, desto mehr erzähle ich.

7. Schweigen können

Extrovertierte neigen dazu, Stille zu vermeiden. Sie reden einfach immer weiter. Dabei reden sie sich gerne mal um Kopf und Kragen. Das spricht nicht für ein vertrauensvolles Verhältnis. Um mich mit jemandem wohl zu fühlen, sollte derjenige auch mal schweigen können und Stille ertragen. Es ist völlig in Ordnung, für einen Moment die eigenen Gedanken zu sortieren.

8. Etwas für mich

Aus einem guten Gespräch möchte ich etwas für mich mitnehmen. Neue Erkenntnisse, eine neue Perspektive oder Bestätigung und Anerkennung, um meinen Selbstwert zu steigern. Irgendetwas sollte drin sein. Das ist nicht so egoistisch, wie es klingt. Wenn ich jemandem mit meinem Rat helfen kann, dann lohnt sich das Gespräch für mich. Es gibt mir Bestätigung und das gute Gefühl, gebraucht zu werden.

9. Ein klarer Kopf

Wenn meine Gedanken ganz woanders sind, gibt es kein gutes Gespräch. Das lässt sich manchmal nicht abstellen. Dann kann ich mit halbem Ohr zuhören, aber nichts beisteuern. In diesem Fall würde ich einem Gespräch aus dem Weg gehen.

10. Eine ruhige Umgebung

Die Umgebung ist ganz entscheidend dafür, ob ich gesprächig bin oder nicht. Wenn ich mein eigenes Wort nicht verstehe, werde ich mich nicht unterhalten, sondern das Weite suchen.

In Clubs weiß ich deshalb gar nichts mit mir anzufangen. Je ruhiger das Umfeld ist, desto besser.

11. Ein hoher Energievorrat

Die Gesellschaft vieler Menschen lässt unser Energieniveau sinken. Einige Menschen empfinde ich als so anstrengend, dass ich nach zehn Minuten platt bin. Bei anderen halte ich auch zehn Stunden durch. Nach einem anstrengenden Tag unter vielen Menschen folgen nicht unbedingt die besten Gespräche. Vor einem längeren Treffen gönne ich mir daher einige Stunden allein. Kann ich das nicht arrangieren, vermeide ich an diesem Tag längere Gespräche, da ich nicht mein bestes Selbst sein kann.

12. Ausgeglichene oder introvertierte Gesprächspartner

Grundsätzlich kann ich mich sowohl mit Extrovertierten als auch mit Introvertierten gut unterhalten. Wenn ich jedoch meine Erfahrungen reflektiere, stelle ich fest, dass ich mit sehr extrovertierten Menschen keine tiefen Gespräche zulasse. Ihnen fehlt die Geduld – und mir die Zeit, um aufzutauen und mich gewählt auszudrücken. Zu Introvertierten oder ausgeglichenen Menschen habe ich die besseren Beziehungen.

Solltest du dir dieser Umstände bislang nicht bewusst gewesen sein, empfehle ich dir, diese Situationen gezielt zu suchen. Je weniger dieser Punkte erfüllt sind, desto eher bestätigen wir das Vorurteil, dass Introvertierte nicht gern reden. Doch im richtigen Umfeld haben wir einiges zu erzählen. Dann wird niemand auch nur erahnen können, dass du introvertiert bist. Du solltest diese Vorlieben offen kommunizieren. So kann sich dein Umfeld darauf einstellen und dich unterstützen. Deine Freunde und Familie möchten schließlich gern mehr von dir hören.

A. Präferenzen im Sozialleben

Vom Wunsch, allein zu sein

Jeder Mensch wird in zwei Richtungen gezogen. Er will einerseits zu anderen Menschen dazugehören. Auf der anderen Seite möchte er unabhängig sein. Diese beiden Präferenzen sind in jedem Menschen unterschiedlich stark ausgeprägt und nur schwer miteinander vereinbar.

Extrovertierte tendieren zum Wunsch nach Zugehörigkeit. Sie definieren sich stärker über ihre Beziehungen zu anderen Menschen. Allein zu sein hat für sie keine Priorität.

Introvertierte neigen in die andere Richtung. Beziehungen zu Menschen sind für sie auch wichtig, aber noch stärker zieht es sie zur Unabhängigkeit. Es sei denn, sie haben es durch den Druck von außen verlernt, der ihnen suggeriert, dass Beziehungen der einzige Glückstreiber seien. Ein Introvertierter, der keine Zeit für sich allein hat, führt kein glückliches Leben.

Wir machen vieles gern allein. Wir gehen allein essen, allein spazieren, arbeiten lieber allein, gehen allein ins Café oder ins Kino, bleiben am Freitagabend gern allein zu Hause, und einige von uns verreisen gern allein. Bei manchen führt diese Präferenz so weit, dass sie zu Einzelgängern werden. Andere wiederum machen weniger allein, obwohl sie es gern würden. Häufig haben sie Angst davor, was andere von ihnen denken. Wer viel Zeit allein verbringt, wirkt merkwürdig. Die meisten Menschen geben zwar gern zu, auch mal einen Moment für sich sein zu wollen – doch bitte nicht zu lange. Alleinsein ist ein negativ besetzter Begriff. Häufig wird er synonym mit Einsamkeit verwendet.

Doch Alleinsein ist für uns etwas sehr Angenehmes, das wir kultivieren sollten – egal, was andere darüber denken. Wenn wir allein sind, können wir unsere Stärken ausspielen. Wir kontrollieren das Niveau an externer Stimulation, entspannen uns und gewinnen so unsere Energie zurück. In diesem Zustand sind wir leistungsfähig und kreativ. Wir kommen auf neue Ideen, schmieden Pläne oder formulieren Ziele. Allein können wir komplexe Probleme lösen, die tiefer Konzentration bedürfen. Wir haben Zeit, unsere Gedanken zu entwickeln und unsere innersten Gefühle ohne Ablenkung wahrzunehmen.

Wir dürfen es gern als eine wichtige Fähigkeit verstehen, überhaupt allein sein zu können. Wir müssen uns nicht ständig ablenken lassen, sondern können es lange mit uns selbst aushalten. Damit sind wir unabhängiger als andere Menschen. Vielen anderen gelingt es nicht, sich selbst zu beschäftigen. Extrovertierte werden unruhig, wenn sie allein sind. Sie zieht es nicht in die innere Welt der Gedanken. Sie fokussieren darauf, was in ihrer Umgebung passiert. Ist da nichts los, fehlt ihnen die notwendige Stimulation, um sich wohl zu fühlen.

Weder die eine noch die andere Präferenz ist besser. In der einen Situation sind wir die skeptisch beäugten Einzelgänger, in der anderen sind wir unabhängige Menschen, die sich selbst beschäftigen und dabei großartige geistige Leistungen vollbringen können.

Vor einigen Monaten gönnte ich mir während einer Reise besonders viel Zeit allein. Noch mehr als sonst. Ich verbrachte eine Woche in einer Hütte in den Wäldern Kaliforniens. In der Region lebten kaum zehn Menschen, es gab kein Fernsehen und kein Internet. Ich hatte nur mich selbst. Langweilig wurde mir nie. Ich konnte all die freie Zeit in mich investieren. Ich spielte Gitarre, lernte Spanisch, las Bücher, schrieb Texte, trieb Sport und hielt mich in der Natur auf. Diese Erfahrung kann ich jedem empfehlen, der es mit sich selbst aushält.

Doch was ist, wenn du keine Gelegenheit zum Alleinsein hast? Manche Introvertierte lassen sich von ihrem Umfeld so sehr einspannen, dass sie keine Zeit für sich haben. Ein so deutliches Leben gegen die eigene Präferenz ist anstrengend für alle Beteiligten. Ohne Zeit für uns sind wir nie unser bestes Selbst.

Wenn ich für mehrere Tage in Aktivitäten mit anderen Menschen eingebunden bin, steigt in mir der Wunsch auf, mal wieder allein zu sein. Dann gönne ich mir bewusst einen Tag Auszeit. Ich möchte mir gar nicht vorstellen, wie es sich anfühlt, wenn es diese Auszeiten nicht gäbe. Ich kann dir nur empfehlen, deiner Präferenz zu folgen und deinen Freiraum zu verteidigen. Sprich mit den Menschen in deinem Umfeld und wirb für Verständnis. Bitte um mehr Rückzugsmöglichkeiten und Zeit für dich. Im Gegenzug erhalten deine Mitmenschen einen ausgeglicheneren Freund, der mehr geben kann, als wenn er gegen seine innere Präferenz lebt.

Wenn Alleinsein zu Einsamkeit wird

Alleinsein und Einsamkeit haben grundsätzlich wenig miteinander zu tun. Alleinsein ist nichts weiter als eine externe Zustandsbeschreibung. Es bedeutet, dass wir keine Menschen um uns herum haben. Dieser Zustand kann sowohl positiv als auch negativ sein. Einsamkeit hingegen ist intern, es ist ein Gefühl und damit sehr subjektiv. Es sagt etwas darüber aus, wie wir uns mit dem Alleinsein fühlen. Allein zu sein führt also nicht zwangsläufig zu Einsamkeit. Ob wir uns einsam fühlen, hängt vielmehr von unserer Einstellung zu den äußeren Umständen und zu uns selbst ab.

Doch der starke Wunsch, allein zu sein, kann auf Dauer isolieren. Wenn unsere Bindungen zu vertrauten Menschen schwinden, fühlen wir uns bald von der Außenwelt abgeschnitten. In der Einsamkeit fühlen wir uns niemandem nah. Sie geht einher mit Traurigkeit, Verzweiflung und der Sehnsucht nach Bindung.

Einsamkeit ist ein eindeutiges Signal, dass eine Korrektur notwendig ist. Es bedeutet, dass wir wieder einen engeren Kontakt zu unseren Mitmenschen pflegen sollten. Es bedeutet aber auch, dass unser Selbstwertgefühl zu schwach ist. Kurze

Phasen der Einsamkeit sind somit nicht schädlich, sondern hilfreich, um unser Verhalten anzupassen.

Allerdings wirkt Einsamkeit lähmend. Wenn es uns am schlechtesten geht, ziehen wir uns instinktiv am tiefsten zurück. Einsamkeit kann jedoch nicht von außen geheilt werden. Wir müssen selbst die Lethargie überwinden, indem wir zunächst reflektieren, was uns im Leben wichtig ist (z. B. tiefe Beziehungen), und dann Schritt für Schritt an der Erreichung dieses Ziels arbeiten. Besonders Introvertierte müssen sich selbst an den Haaren aus dem Sumpf ziehen. Ihr Naturell zieht sie ins Alleinsein, doch um Einsamkeit zu überwinden, muss zunächst das Alleinsein überwunden werden, denn neue und tiefe Beziehungen entstehen nicht allein. Wer in die Einsamkeit rutscht, muss also gegen die eigene Veranlagung arbeiten, um wieder auf ein gesundes Beziehungsniveau zu gelangen. Einige Lösungsansätze findest du im nächsten Abschnitt.

Distanziert, aber treu

Es gibt Menschen, in deren Umfeld fühlt man sich sofort wohl. Jeder hängt an ihren Lippen und möchte mit ihnen befreundet sein. Ich gehöre nicht zu diesen Menschen. Und du vermutlich auch nicht. Sorry.

Es ist schwer, an uns Introvertierte heranzukommen. Eines der Vorurteile lautet, wir seien unnahbar. Wer kann es anderen verübeln, das von uns zu denken? Gegenüber fremden Menschen wirken wir distanziert und verschlossen. Wir teilen uns anderen nicht mit, solange wir kein Vertrauensverhältnis aufgebaut haben. Wer es nicht besser weiß, kann den Eindruck gewinnen, dass wir lieber für uns bleiben möchten.

So verwundert es kaum, dass Introvertierte einen kleineren Freundeskreis haben als Extrovertierte. Schon in jungen Jahren hatten die meisten Kinder in meinem Umfeld mehr Freunde als ich. Das ist bis heute so geblieben. Es hat mich lange beschäftigt. Manchmal wünsche ich mir noch heute mehr Freunde. Manchmal auch tiefere Freundschaften. Manchmal wünsche ich mir, der Freund zu sein, mit dem alle Spaß haben. Und ich fragte mich früher oft: Woher haben die anderen so viele Freunde? Wie können sie so viele Freundschaften pflegen? Wieso habe ich weniger Freunde? Was mache ich falsch? Heute weiß ich, dass ich nicht viel falsch mache. Ich verhalte mich so, wie es meinen natürlichen Präferenzen entspricht. Diese führen dazu, dass ich weniger Freunde habe. Dafür gibt es vier Gründe.

1. Wir lernen weniger Menschen kennen

Wir meiden Gruppensituationen, da wir schon mit wenigen Menschen ausreichend stimuliert sind. Wir tun uns schwer damit, auf Menschen zuzugehen – auch, weil wir oft gar keine

Lust dazu verspüren. Durch dieses natürliche Verhalten treffen wir auf weniger Menschen als ein Extrovertierter. Somit ist die Auswahl an Menschen, die zu unseren Freunden werden könnten, geringer.

Wenn wir mögen, können wir daran etwas ändern. Zwar werden wir vermutlich nicht auf so viele Menschen treffen wie jemand, für den das natürlich erscheint. Aber wir können gezielt Situationen suchen. Häufig genügt es schon, sie nicht zu vermeiden. Nimm beispielsweise eine gut gemeinte Einladung auch mal an! Das ist für mich nicht selbstverständlich. Lädt mich jemand zu einem gemeinsamen Abend mit Freunden ein (die ich nicht kenne), so denke ich intuitiv: „Hm, nein danke." Ich würde in der Runde nicht gut funktionieren. In der Vergangenheit habe ich dadurch Gelegenheiten verpasst, eine gute Zeit mit interessanten Menschen zu verbringen. Würde ich als Introvertierter stets auf meine Intuition hören, wäre ich bald vereinsamt. Was ich in diesen Situationen brauche, ist mein Verstand. Sobald ich etwas weiter vorausdenke als nur an den Abend, den ich gemütlich auf dem Sofa verbringen könnte, komme ich zu dem Schluss, dass ich eine freundliche Einladung mal besser annehmen sollte. Lehne ich zu häufig ab, erhalte ich keine Einladungen mehr.

Kommen diese Einladungen nicht von allein, so kannst du selbst aktiv werden. Wenn es dir an Freunden mangelt, bin ich mir sicher, dass du noch nicht alle Möglichkeiten erschöpft hast. Ich selbst komme mit 32 Jahren langsam in ein Alter, in dem es die Lebensumstände erschweren, neue Menschen kennenzulernen. Der Alltag ist in feste Routinen eingefahren, es gibt wenige neue Erlebnisse und im Beruf steckt man mit den stets gleichen Kollegen fest. Meine Lebensumstände sind weniger eingefahren. Ich erlebe vergleichsweise viel Abwechslung. Doch als selbstständiger Einzelunternehmer fehlt mir weitgehend ein berufliches Umfeld – ausgerechnet jenes Umfeld, in dem ich früher die meisten Freunde kennenlernte.

Freundschaften entstehen zufällig. Wir befreunden uns mit Menschen, die zufällig im gleichen Büro arbeiten, im gleichen Sportverein aktiv sind, die neben uns wohnen oder die in der Schule neben uns saßen. Wären diese Menschen nicht da gewesen, hätten wir uns mit jemand anderem angefreundet. Um neue Freunde zu gewinnen, müssen wir Situationen erzeugen, in denen es zu diesen Zufällen kommen kann. Falls du noch keinen Ansatzpunkt siehst, wie du diese Situationen in deinem Leben erzeugen kannst, möchte ich dir ein paar Ideen mitgeben:

1. Berufliches Umfeld

Einige Menschen trennen strikt Beruf und Freizeit. Ich mache das nicht. Die meisten meiner Freunde habe ich in meinen früheren Jobs kennengelernt. Im Beruf verbringen wir sehr viel Zeit mit anderen Menschen. Für gewöhnlich 40 Stunden jede Woche. Viel Zeit ist genau das, was wir brauchen. Über die Monate und Jahre können wir uns an die Kollegen herantasten und auch außerhalb der Arbeit Zeit miteinander verbringen. Die Voraussetzungen dafür sind gar nicht schlecht, denn im Job arbeitet man bereits an einer gemeinsamen Sache – das verbindet. Das setzt natürlich voraus, dass du deinen Job magst.

2. Gleichgesinnte

Gemeinsame Hobbys sind eine gute Grundlage für Freundschaften. Je spezieller das Hobby, desto besser. Überlege dir, wo du Menschen mit deinem Hobby kennenlernen kannst. Gibt es regelmäßige Treffen oder Veranstaltungen? In vielen Großstädten finden Stammtische und Meet-ups zu allen denkbaren Themen statt. Noch einfacher ist es, Gleichgesinnte im Internet kennenzulernen.
Doch selbst wenn du kein spezielles Hobby hast, dann suche den kleinsten gemeinsamen Nenner in deinem Umfeld. Schlie-

ße dich z. B. einer informellen Sportgruppe an. Ich spiele jede Woche Fußball und häufig Basketball und Squash. Das sind Sportarten, die mir Spaß machen und die andere Menschen erfordern. Solche Gruppen entstehen oft aus dem beruflichen Umfeld heraus. Vermutlich bestehen sie bereits in deinem erweiterten Bekanntenkreis. Lass dich einfach mal mitnehmen!

3. Vereine & Kurse

Findest du keine informellen Gruppen, bleibt dir die Möglichkeit, dich einem Verein anzuschließen oder an Kursen teilzunehmen. Im Sportverein muss es ja nicht einmal ein Mannschaftssport sein. Auch Tennis, Tischtennis oder Squash erfordern Mitspieler, aber nur wenige. Und in Fitnessstudios kannst du an regelmäßigen Kursen teilnehmen. Für andere Interessen gibt es in städtischen Regionen Kurse für jeden Geschmack: Yoga, Meditation, Sprachen, Kochen oder Musik. Überall triffst du auf Menschen, die deine Interessen teilen. Am besten eignen sich Kurse, die sich über mehrere Monate erstrecken, sodass dir genügend Zeit bleibt, neue Beziehungen aufzubauen. Einmalige Kurse sind nicht sehr Erfolg versprechend.

4. Wohngemeinschaft

Allein zu leben empfinde ich als sehr angenehm. Doch eine Wohngemeinschaft würde es mir erleichtern, neue Menschen kennenzulernen. Nicht nur meine Mitbewohner, sondern auch deren Freunde. Wenn du noch jünger und auf der Suche nach neuen Bekannten bist, solltest du eine Wohngemeinschaft unbedingt in Betracht ziehen.

Ja, das alles kostet dich Überwindung. Mich auch! Aber Freundschaften kommen nicht von allein. Sie mögen zufällig entstehen, doch nur in den passenden Situationen. Diese solltest du suchen, wenn du neue Leute kennenlernen möchtest.

Ein typischer Fehler, den du vermeiden solltest

Nicht jeder Introvertierte ist auf der Suche nach neuen Freunden. Viele sind sogar sehr zufrieden mit ihrem kleinen Freundeskreis. Doch einige sind zu zufrieden. Sie lassen niemanden mehr in ihr Umfeld hinein. Das betrifft vor allem Introvertierte, die in einer festen Partnerschaft leben. Manche verlassen sich auf diese einzige Person. Das ist ein sehr bequemer Zustand, den ich gut nachvollziehen kann. Der schwach ausgeprägte Wunsch nach zwischenmenschlicher Interaktion ist befriedigt und jede neue Beziehung kostet Kraft. Diese Situation ist allerdings gefährlich, denn unsere Partner sind nicht für unser Glück verantwortlich. Sollten diese engen Beziehungen zerbrechen, wird es nur umso schwerer, wieder Anschluss zu finden. Soziale Fähigkeiten fallen uns nicht auf natürliche Weise zu. Wir müssen sie hin und wieder anwenden, um sie nicht zu verlernen. Daher empfehle ich, auch dann neue Menschen in dein Leben zu lassen, wenn du schon ein paar liebe Menschen um dich herum hast. Es macht dich unabhängiger und wird deinem Selbstwertgefühl guttun.

2. Wir senden schwache Signale

Durch unsere Ausrichtung nach innen fällt es uns schwer, uns richtig auszudrücken – verbal und nonverbal. Wir sind sehr zurückhaltend im Ausdruck unserer Emotionen. Außenstehende können diese Passivität als Desinteresse missverstehen. Unsere subtilen Signale kommen nicht an.

Manchmal wünsche ich mir, meine Schale für einen Moment abwerfen zu können, um mein Interesse an einem Menschen deutlich zu signalisieren. Doch es ist schwer. Allein den Blickkontakt aufrechtzuerhalten grenzt an Überstimulation. Von Körperkontakt reden wir gar nicht erst. Selbst dann, wenn ich glaube, deutliche Signale auszusenden, ist es immer noch zu wenig. Und so wirke ich auf andere Menschen verschlossen und distanziert.

Diese Hürde können wir zumindest teilweise überwinden. Der erste Schritt ist die Selbsterkenntnis. Wir müssen uns unserer Wirkung bewusst sein. Wir Introvertierte sind dafür bekannt, ernst zu schauen. Ich habe es selbst etliche Male gehört: „Schau mal nicht so düster." Dabei ist unser Gesicht genau genommen ausdruckslos oder neutral. Ein Lächeln auf unseren Lippen sucht man jedoch meist vergebens. Das wirkt nicht sehr nahbar. Niemand mag Menschen, die kein freundliches Gesicht aufsetzen können. Wer lächelt, wirkt auf andere viel offener. Ein freundlicher Gesichtsausdruck ist dazu da, Menschen anzusprechen und im Gespräch zu halten. Introvertierte laden mit ihrer Innenausrichtung die Außenwelt jedoch nicht zu Reaktionen ein.

Das heißt für mich, mir das Lächeln anzutrainieren. Auf Partys, auf der Straße, überall wo Menschen sind und ich mit jemandem in Kontakt treten möchte. Ich lächle bewusst. Am Anfang mag das albern wirken, doch mit der Zeit wird es natürlicher. Es hilft übrigens, für einen Moment an etwas Lustiges zu denken, z. B. an einen Witz aus der Comedy-Serie, die du gestern Abend geschaut hast.

Auch deine innere Einstellung trägt dazu bei, wie du nach außen wirkst. Was du denkst, sendet dein Körper mit subtilen Signalen aus. Sieh eine neue Bekanntschaft nicht als etwas, das dich belastet, sondern empfange sie mit offenen Armen. Zumindest innerlich. Sieh jedes Gespräch als eine Investition in eine mögliche Freundschaft. Sei freundlich und offen. Erzähle etwas über dich. Öffne die Tür zu dir wenigstens einen kleinen Spalt. Interessiere dich auch bewusst für andere. Wir mögen Menschen, die sich für uns interessieren. Interessiere dich also für andere, dann werden sie sich (wahrscheinlich) auch für dich interessieren. Stelle Fragen, hake nach, kommentiere mit deiner eigenen Meinung. Solches Feedback zeigt dein wahres Interesse.

3. Wir brauchen viel Zeit

In den letzten Jahren bin ich viel gereist. Ich bin mehrere Monate im Jahr unterwegs und treffe ständig neue Menschen. Jeden Tag habe ich die Gelegenheit, neue Freunde kennenzulernen. Theoretisch. Praktisch entstehen aus diesen Bekanntschaften keine Freundschaften. Ich benötige viel Zeit, um einen Menschen so gut kennenzulernen, dass ich ihn mögen kann. Und ich benötige Zeit, bis andere Menschen erkennen, dass sie in mir einen guten Freund haben könnten. Mein zurückhaltendes Auftreten führt selten dazu, dass jemand nach kurzer Zeit sagt: Ja, den mag ich! Dir geht es vermutlich ähnlich. Wir brauchen viel Zeit, aber haben sie nicht immer. Über oberflächliche Gespräche oder Erlebnisse geht es häufig nicht hinaus. Daher tun sich Introvertierte schwer damit, neue Freunde oder einen Partner zu finden.

Es gibt nicht viel, was wir dagegen tun können. Die Zeit, die wir brauchen, müssen wir uns gönnen. Doch wenn du schon in neue Bekanntschaften investierst, dann suche dir Situationen, in denen du Zeit hast. Ich lerne meine Freunde nicht beim Reisen kennen und auch nicht auf einer Party. Mein Freundeskreis speist sich zu großen Teilen aus (ehemaligen) Kollegen, denn auf der Arbeit verbringt man viel Zeit miteinander und lernt einander zu schätzen. Aus dem gleichen Grund bringt ein einmaliger Besuch im Yogastudio nichts. Nach einigen Wochen oder Monaten wirst du jedoch mit Sicherheit Bekanntschaften schließen.

Im nächsten Schritt musst du noch einmal über deinen Schatten springen. Lade deine neuen Bekannten zum gemeinsamen Essen ein oder zum Spieleabend, zum Fußballgucken oder was auch immer euch gemeinsam Spaß macht. Solche Einladungen sind starke Signale dafür, dass du mit jemandem mehr Zeit verbringen möchtest. Sie können den Prozess der Anbahnung beschleunigen.

4. Wir bevorzugen Tiefe

Unsere Präferenz für Tiefe betrifft auch unsere Freundschaften. Wir bevorzugen tiefe Beziehungen gegenüber vielen Beziehungen. Zu viele Menschen in unserem Umfeld können wir nicht vertragen, daher können und müssen wir stärker auf die Qualität unserer Freundschaften achten. Solange wir ein paar gute Freunde um uns haben, mit denen wir uns wohl fühlen, haben wir kein Verlangen nach weiteren Freundschaften.

Daher tendieren wir dazu, nur tiefe und bedeutende Beziehungen als wahre Freundschaften anzusehen. Alles andere sind lediglich Bekanntschaften. Freundschaft bedeutet für uns Vertrauen, Zuverlässigkeit und Loyalität. Wir sind tiefgründige Charaktere und erwarten das auch von unseren engen Freunden. Ich denke jedoch, dass wir Introvertierte das Wort Freundschaft etwas überhöhen und uns das Leben damit selbst erschweren. Wir messen ihm eine hohe Bedeutung bei. Manchmal so hoch, dass wir uns einsam fühlen, weil niemand unsere Ansprüche erfüllt. Dabei ist es unsere eigene Entscheidung, wie wir Freundschaften bewerten und ob wir uns mit ihnen einsam fühlen.

Introvertierte zeigen sich oft enttäuscht von der Oberflächlichkeit anderer Menschen – teilweise auch ihrer Freunde. Wirklich oberflächliche Menschen rauben uns die Energie und Aufmerksamkeit, die wir für gute Freundschaften benötigen. Daher fahre ich den Kontakt zu diesen Menschen herunter. Doch grundsätzlich sollten wir nicht alle Menschen mit unseren hohen Ansprüchen bewerten. Extrovertierte haben ein großes soziales Umfeld und verteilen ihre Aufmerksamkeit auf mehrere Freunde. Vermutlich kannst du einem Extrovertierten mehr Aufmerksamkeit schenken als er dir. Doch das kannst du nicht gegeneinander aufwiegen. Genieße eure Freundschaft und investiere die Zeit, die du für richtig hältst. Ich möchte mich auch auf Freundschaften einlassen, die nicht tief sind, aber trotzdem wertvoll sind und Spaß machen können. Wir brauchen schließlich nicht nur zwei beste Freunde, sondern ein Umfeld für viele Gelegenheiten: Alte-Zeiten-Freunde, Bürofreunde, Kinofreunde, Reisefreunde, Spaßfreunde – darunter sowohl Introvertierte als auch Extrovertierte.

Solange wir unsere Ansprüche nicht überhöhen, bin ich jedoch sehr froh um unsere Präferenz für tiefe Beziehungen. Es gibt keinen Grund, das zu ändern. Im Gegenteil. Diese Tiefe hat für andere Menschen einen hohen Wert. Schließlich sind wir sehr loyale Weggefährten. Wir wechseln nicht sprunghaft zwischen Freundschaften und Beziehungen hin und her. Wenn wir jemandem unser Vertrauen schenken, dann bleiben wir.
Der kritische Auswahlprozess mag dabei eine Rolle spielen. Wen wir in unsere Welt eintreten lassen, den haben wir bereits ausgiebig beobachtet. Und wenn die Beziehung nach langer Vorarbeit erst einmal geformt ist, sind uns diese Beziehungen umso wichtiger, da wir bereits viel Zeit investiert haben. Also investieren wir noch etwas mehr Aufwand, um diese guten Beziehungen zu erhalten – denn eine neue Beziehung aufzubauen würde viel mehr Kraft kosten.

Ideen für tiefere Beziehungen

Falls es dir bisher nicht gelungen ist, tiefe Beziehungen aufzubauen, möchte ich dir einige Ideen an die Hand geben, mit denen du deine Beziehungen verbessern kannst. Ohne feste Bindungen wirst du dich vermutlich irgendwann einsam fühlen. Einsamkeit ist schließlich das Gefühl, von der Außenwelt abgeschnitten zu sein. Wir können dann mit niemandem unsere Gedanken teilen. Am besten lassen wir es so weit gar nicht erst kommen.
Eine neue Verbindung aufzubauen fällt mir immer wieder schwer. Eine gemeinsame Grundlage zu finden ist schon nicht leicht. Die Beziehung dann zu vertiefen auch nicht. Es ist nie leicht. Aber es lohnt sich. Wir brauchen enge Beziehungen für

ein zufriedenes Leben. Mit den folgenden Ideen möchte ich dir helfen, Beziehungen aufzubauen und zu vertiefen. Sie haben mir selbst geholfen.

Kommuniziere so, wie du es magst

Wir bauen tiefe Verbindungen auf, wenn wir so kommunizieren können, wie wir es wünschen. Als Introvertierte tun wir uns schwer damit, in Gruppen aufzublühen. Wenn zu viele Menschen an einem Gespräch teilnehmen, sagen wir wenig oder nichts. Das ist nicht unsere bevorzugte Art der Kommunikation. Die Chancen sind gering, dass wir im Rahmen einer Gruppe enge Beziehungen aufbauen. Wenn möglich, sollten wir Gespräche in kleiner Runde suchen.

Suche tiefe Gespräche

Finde das Thema, das dir und dem anderen am Herzen liegt. Über Small Talk ist das schwierig. Versuche, das Gespräch auf anspruchsvollere Themen zu lenken. Das betrifft nicht nur neue Bekannte, sondern auch Freunde. Du kannst solche Gespräche steuern, indem du dich traust, persönliche Fragen zu stellen. Sprecht darüber, was euch wichtig ist, was ihr schon immer einmal machen wolltet, was euch glücklich macht, worauf ihr stolz seid, was ihr tun würdet, wenn ihr nicht arbeiten müsstet, oder was ihr gern lernen möchtet.

Sei offen und verwundbar

Tiefe Gespräche sind keine Einbahnstraße. Wenn nur der andere erzählt, stärkt das nicht eure Beziehung. Erzähle etwas über dich selbst. Auch etwas, das dir schwerfällt: Über deine Wünsche, Werte, Ziele oder Sorgen. Damit machst du dich verwundbar. Das ist schwer zu ertragen, aber es wird deinen Beziehungen guttun.

Sei ehrlich

Sei ehrlich in deinen Aussagen und in deinem Verhalten. Verstelle dich nicht, sondern sei so sehr du selbst, wie es möglich ist. Wenn du das nicht bist, kannst du keine tiefen Beziehungen aufbauen, denn du kannst nie wissen, ob dein Gegenüber wirklich dich mag oder nur deine Maske.

Polarisiere

Sei nicht beliebig. Sei nicht jemand, der zu allem „Ja und Amen" oder „egal" sagt. Sei niemand, der immer die Meinung der Mehrheit vertritt. Wenn dir alles egal ist, bist du für andere Menschen uninteressant. Wenn du von allen gemocht werden willst, wirst du am Ende von niemandem wirklich gemocht.

Stelle dich auf Ablehnung ein

Wir sind häufig nicht offen und ehrlich, weil wir Angst vor Ablehnung haben. Ich habe sie jeden Tag und in fast jedem Gespräch. Damit müssen wir leben. Kein Mensch ist perfekt und niemand kann für alles nur Zuspruch erhalten. Ablehnung gehört dazu. Sie zeigt nur, dass zwei Menschen in einem Aspekt oder auch im Ganzen nicht miteinander kompatibel sind. Schade, aber nicht tragisch.

Tritt selbstbewusst(er) auf

Menschen mögen selbstbewusste Menschen. Ich auch. Ich mag Menschen, die sich selbst mögen und das nach außen zeigen. Durch ihr sicheres Auftreten weiß ich genau, was ich an ihnen habe. Also müssen auch du und ich selbstbewusster auftreten. Das ist nicht leicht, aber man kann es trainieren. Mehr lächeln, den Rücken durchstrecken, nach vorne schauen (nicht nach unten), Blickkontakt suchen. Das ist ein Anfang für einen kurzfristigen Effekt.

Investiere in dich selbst

Wirklich selbstbewusst zu sein ist eine andere Herausforderung. Selbstbewusstsein kann man sich auf Dauer nicht einreden. Man muss es sich erarbeiten, und zwar durch Investitionen in sich selbst. Mangelndes Selbstbewusstsein basiert darauf, dass wir mit uns selbst unzufrieden sind. Vor einigen Monaten schrieb ich einmal die Dinge auf, die ich gern besser könnte. Die Liste wurde ziemlich lang. Jetzt arbeite ich Stück für Stück daran, und zwar jeden Tag. Ich mache täglich etwas Kraftsport, spiele Gitarre, lerne Spanisch, lese ein Buch, schreibe und meditiere. Nach einigen Monaten verspüre ich bereits ein höheres Selbstwertgefühl.

Zeige Anerkennung

Lob und Anerkennung kommen häufig zu kurz. Ich habe mich damit schon immer schwergetan. In meinem letzten Beruf musste ich mich immer wieder daran erinnern, meine Kollegen zu loben. Menschen wollen nicht viel mehr als ein bisschen Anerkennung dafür, was sie tun und wer sie sind. Lieber ein Danke zu viel als eines zu wenig. Das betrifft Kollegen, Freunde und Familie. Es kostet ein bisschen Überwindung, weil es bedeutet, offen und ehrlich zu sein und sich damit selbst verwundbar zu machen. Aber es tut jeder Beziehung gut.

Biete deine Hilfe an

Hilf anderen Menschen. Und zwar, ohne eine Gegenleistung zu erwarten. Unterstütze dort, wo du es kannst, und sei selbstlos. Auch Fremden gegenüber. Im Englischen gibt es den schönen Begriff „Random Act of Kindness“ – einfach mal willkürlich nett sein. Halte jemandem die Tür auf, unterstütze einen Kollegen bei seiner Arbeit, hilf jemandem beim Reifenwechsel am Straßenrand. Es fühlt sich gut an.

Vertraue nicht auf soziale Medien

Soziale Medien bzw. neue Technologien sind so schön bequem für uns. Sie sind ein Segen, aber auch ein Fluch. Sie machen uns das Leben leichter, aber auch zu leicht. Wir können uns mit ihnen hinter unseren Präferenzen verstecken, aber unsere Beziehungen verbessern wir mit Facebook & Co. nicht.

Lediglich E-Mail finde ich teilweise brauchbar, da sich das Eis leichter brechen lässt. Doch nur, wenn das Gespräch später von Angesicht zu Angesicht fortgesetzt wird.

Sei ein Energiespender

Sei derjenige, bei dem sich andere wohl fühlen. Bei dem sie offen und ehrlich sein können und bei dem sie wissen, woran sie sind. Sei derjenige, der ihnen Anerkennung spendet, ihnen hilft, sich für sie interessiert und der sich auch dann meldet, wenn sie es selbst nicht tun. Sei ein Energiespender für andere Menschen. Das kannst du nur sein, wenn deine eigenen Akkus aufgeladen sind. Vernachlässige daher nicht deine Präferenzen.

A. Präferenzen im Sozialleben

Je weniger, desto besser

Unsere Präferenz für wenig Stimulation ist ausschlaggebend für unser Bedürfnis nach sehr kleinen Gruppen oder gar Vier-Augen-Gesprächen. In kleinen Runden können wir unseren scharfen Verstand ausspielen, interessante Dinge erzählen oder auch lustig sein. Am liebsten rede ich mit nur einem Menschen. Bis zu drei Menschen finde ich noch in Ordnung, sofern mir die drei bekannt sind. Alles darüber hinaus wird schwierig. Dann werde ich zunehmend ruhiger und stehe eher unbeteiligt daneben. Ich bin nur noch dabei statt mittendrin und beobachte aus dem Hintergrund. Selbst dann, wenn ich unter Freunden bin. Mit der hohen Geschwindigkeit von Gruppengesprächen kann ich nicht mithalten.

Aufmerksamen Mitmenschen entgeht das nicht. Sie reagieren mit gut gemeinten Bemerkungen wie: „Du sagst ja gar nichts. Ist alles in Ordnung?" Ja, im Grunde ist alles in Ordnung, ich fühle mich nur nicht wohl in großen Gruppen. In solchen Situationen erkennt man am besten einen Introvertierten.

Zugegeben, in vielen Situationen ist unsere Präferenz nicht ideal, um uns unauffällig in eine Gruppe zu integrieren. Doch mich stört es heute nur noch wenig. Ich bevorzuge nun mal ein geringes Stimulationsniveau. Dennoch ist es manchmal notwendig, in Gruppen zurechtzukommen. Beispielsweise auf Partys.

Eine Erfindung von Extrovertierten

Ich schreibe nicht gern über Partys. Ich nehme auch nicht gern an ihnen teil. Ich bin mir sicher: Würde man eine Gruppe von Introvertierten fragen, was sie überhaupt nicht mögen, wäre „Partys" die meistgenannte Antwort. Im Forum für Introvertierte findet man dazu folgende Aussagen:

- „Ich habe Partys noch nie gemocht.“
- „Partys sind für mich der reinste Horror.“
- „Feiern war ich noch nie. Es reizt mich kein bisschen.“
- „Auf Geburtstage gehe ich nur, um guten Willen zu zeigen.“
- „Ich gehe zwar auf Partys, aber für mich ist es nie so selbstverständlich wie für die meisten Leute.“
- „Auf Partys gehe ich nur, um Menschen zu beobachten.“
- „Partys sind überhaupt nicht mein Ding. Ich mag es eher gemütlich und in kleinem Kreise.“

Da wir schon bei Zitaten sind, möchte ich ein weiteres beisteuern. Das folgende Gedicht stammt von Hermann Hesse, einem meiner Lieblingsautoren und ein introvertierter Schriftsteller.

Kennst du das auch?
Kennst du das auch, daß manchesmal
Inmitten einer lauten Lust,
Bei einem Fest, in einem frohen Saal,
Du plötzlich schweigen und hinweggehn mußt?
Dann legst du dich aufs Lager ohne Schlaf
Wie Einer, den ein plötzlich Herzweh traf;
Lust und Gelächter ist verstiebt wie Rauch,
Du weinst, weinst ohne Halt – Kennst du das auch?

Ja, das kenne ich auch. Ebenso kann ich mich mit dem Charakter Harry Haller in Hesses Roman „Der Steppenwolf“ identifizieren. Dort lässt Hesse seinen Protagonisten verkünden, dass dieser noch nie Freude an lauten Festen empfunden habe. Vielmehr habe er immer „halb überlegen, halb neidisch“ auf die feiernden Menschen geschaut. Erst zum Ende des Buches hin empfand er diese Freude erstmals. Er konnte sich dem Fest ganz hingeben: „Es gab keine Gedanken mehr.“

Halb überlegen, halb neidisch. So habe auch ich lange Zeit Partys gesehen. Überlegen, weil Partys oberflächlich sind und nur einen kurzen Spaß bedeuten, der möglicherweise schon am nächsten Morgen bereut wird. Als Introvertierte denken wir weiter voraus. Wir sehen Müdigkeit, einen langen Heimweg in der Nacht und einen schweren Kopf am nächsten Tag, anstatt eine Party als das anzuerkennen, was sie sein soll: Spaß. Aber neidisch bin ich auch, weil ich gerne Partys genießen würde, es jedoch nicht in gleichem Maße kann wie andere.

Partys sind laut, schnell und voll. Sie sind sehr stimulierend und damit anstrengend. Würde ein Energiebarometer an meinem Kopf kleben, könnte man dabei zusehen, wie die Energie minütlich sinkt. Die oberflächlichen Anbahnungsgespräche tragen ihren Teil dazu bei.

Ich fühle mich allerdings nicht nur schlecht auf Partys. Ich möchte weiterhin eingeladen werden und hingehen. Große Freude kommt allerdings nicht auf. Eher die Hoffnung, dass es vielleicht ganz nett wird. Und so gehe ich auf Familienfeiern und Partys, bei denen ich Leute um mich herum habe, die ich bereits kenne und mag.

Auch wenn Partys nicht unserer Präferenz entsprechen, kannst du eine Feier trotzdem genießen. Um bei Gesprächen nicht nur unbeteiligt danebenzustehen, solltest du versuchen, ein oder zwei Personen aus der Gruppe zu isolieren. Es ist leichter, mit nur zwei Leuten zu reden, als mit einer ganzen Gruppe. So bahne ich Gespräche an, die von denen der Gruppe abweichen. Doch selbst wenn sich keine interessanten Gespräche ergeben, solltest du dazu stehen, dass du lieber das Geschehen von außen beobachtest, als jeden Spaß mitzumachen. Es ist deine innere Präferenz – warum also ständig dagegen ankämpfen? Wenn du genug gesehen hast und müde wirst, kannst du dir erlauben, früher zu gehen als andere. Bedanke dich für die liebe Einladung, mach dich auf den Heimweg und freue dich auf ein Buch oder deine Lieblingsserie.

Bei Partys drängt sich eine weitere Frage auf: Was ist eigentlich mit Alkohol? Die Meinungen von Introvertierten gehen hier weit auseinander. Die einen nutzen die Wirkung von Alkohol, um ein extrovertiertes Verhalten anzunehmen. Doch ich denke nicht, dass Alkohol eine Lösung ist. Er macht mich lockerer, aber nicht locker genug. Man kann Introversion nicht in Alkohol ertränken. Und selbst wenn du deine Persönlichkeit vorübergehend deutlich verändern kannst, so kommt meiner Erfahrung nach ein paar Stunden später das böse Erwachen. Verlasse ich eine Feier alkoholisiert, überkommt mich häufig ein Gefühl von Traurigkeit. Vielleicht, weil ich doch nicht aus mir herauskonnte. Vielleicht, weil die Veränderung nur temporär war. Vielleicht aber auch, weil ich jemand sein wollte, der ich nicht bin.

Typisch introvertiert: der Rückzug

Vor einiger Zeit besuchte ich eine Vernissage in einem Berliner Hotel. Die geladenen Gäste drängten sich in einem engen Bereich, bewunderten die Gemälde, unterhielten sich fröhlich und verzehrten kleine Häppchen. Auch Sekt wurde gereicht. Eine nette Veranstaltung. Nach einiger Zeit und ein bisschen Small Talk verließ ich die Menge und setzte mich in die menschenleere Lobby des Hotels. Ein wenig ausgelaugt, aber ohne echte Gedanken, einfach so. Nach einem Moment des Innehaltens musste ich über mich selbst schmunzeln und dachte: Typisch introvertiert!

Der Rückzug ist tatsächlich typisch introvertiert. Die vielen Menschen zehren an unseren Energiereserven und so ziehen wir uns schon unbewusst nach einer Weile zurück. Es gibt wohl keine Gruppensituation, aus der ich mich nicht nach kurzer Zeit löse. Es zieht mich jedes Mal wie von selbst fort.

Auf Partys findest du mich im Bad, auf dem Balkon oder im Flur. Überall dort, wo nicht viel los ist. Bei Hochzeiten bin ich froh, wenn ich nahe dem Festsaal auch ein Hotelzimmer habe, in das ich mich zurückziehen kann. Bei Familienfeiern bin ich immer der Erste, der mal einen Spaziergang macht oder sich in ein ruhiges Zimmer absetzt. Beim Netzwerken verzichte ich lieber auf ein paar mittelmäßige Kontakte und gönne mir eine kurze Auszeit zum Durchatmen. Ich brauche diese Rückzugsmöglichkeiten, um mein bestes Selbst sein zu können.

Dieses plötzliche und wiederholte Verschwinden kann im Umfeld für Irritationen sorgen. „Was ist denn mit dem los?", höre ich zwar nie direkt, doch ich weiß, dass diese Frage gestellt wird. Das gehört dazu. Ich stehe dazu, meine Alleinzeit zu benötigen. Das kann und möchte ich nicht jedem erklären. Ein paar fragende Blicke lassen sich durchaus ertragen, wenn ich dafür meine Energiereserven aufladen und anschließend wieder an der Gesellschaft teilnehmen kann.

B. Präferenzen beim Denken

Spontan wie ein Fahrplan

In unseren Köpfen konkurrieren verschiedene Systeme miteinander. Zwei davon nennen sich Verhaltensaktivierung und Verhaltenshemmung. Wer zur **Verhaltensaktivierung** tendiert, reagiert stark auf positive Anreize, ist neugierig, impulsiv und nähert sich relativ unreflektiert einer unvertrauten Situation an. Diese Menschen werden durch den Wunsch nach Belohnung angetrieben. Menschen, die zur **Verhaltenshemmung** tendieren, sind in neuen Situationen hingegen schüchtern, abwartend und abwägend. Sie vergleichen die Situation mit ihren Erfahrungswerten, bevor sie irgendetwas unternehmen. Ihr Verhalten wird durch die Furcht vor negativen Folgen angetrieben.
Sensible Menschen neigen stark zur Verhaltenshemmung. Die Autorin Elaine Aron beschreibt dieses Verhalten als „Pause-to-check". Verhaltensgehemmte Menschen handeln demnach nicht impulsiv, sondern nehmen erst so viele Informationen wie möglich auf, vergleichen sie mit ihren Erfahrungswerten und treffen dann eine Entscheidung. Auf dem Spielplatz sind das die Kinder, die erst einmal zuschauen, wie andere mit der großen Rutsche klarkommen und im Büro sind es diejenigen, die sagen: „Wir sollten darüber wirklich noch mal in Ruhe nachdenken." Das ist nicht sehr spontan, aber in vielen Situationen durchaus nützlich.

Dieses vorsichtige Verhalten wird auch darin deutlich, dass wir weniger euphorisch sind als extrovertierte Menschen. Sie verspüren mehr Erregung und brauchen dieses Gefühl als

Belohnung. Die Aussicht auf ein neues Erlebnis oder eine spannende Idee lässt sie impulsiv agieren. Mögliche Risiken können (oder wollen) sie in ihrer Euphorie nicht sehen. Ihnen geht es darum, die nächste Erfahrung zu machen und dafür belohnt zu werden.

Wir hingegen spüren diese Begeisterung weniger stark. Von äußeren Eindrücken lassen wir uns nicht aus der Ruhe bringen, sondern behalten einen klaren Verstand. Sobald die Euphorie einsetzt, treten wir auf die Bremse und denken bereits an mögliche Konsequenzen. Häufig kommt es mir so vor, als seien wir so programmiert, den Haken zu finden. Wenn schon alle „Hurra" schreien, kannst du sicher sein, der Introvertierte in der Runde ist in Gedanken versunken und wird das Problem finden. Der Spruch „zu schön, um wahr zu sein" wurde bestimmt von einem Introvertierten geprägt. Zwar hätten wir auch gern eine Belohnung, doch wir können sie so lange aufschieben, bis wir alles gut durchdacht haben.

Da wir ständig ein Haar in der Suppe finden, werden wir häufig zu Pessimisten erklärt. Extrovertierte haben wenig Verständnis für unsere Skepsis, da sie gegen ihre eigene Natur geht. Häufig hatte ich deswegen ein schlechtes Gewissen. Ich wollte nicht immer der Spielverderber sein. Aber die Haken waren nun einmal da. Ich selbst sehe mich nicht als Pessimisten. Im Rahmen meiner Möglichkeiten bin ich vielleicht sogar ein Optimist, aber mindestens ein Realist. Und vermutlich schätzt du dich ebenfalls als realistisch ein.

In euphorischen Momenten sachlich und pragmatisch zu denken ist eine unserer ganz großen Stärken. Wir haben den nüchternen Blick dafür, mögliche Herausforderungen zu erkennen, und es gibt einen klaren Bedarf für diese Fähigkeit. In jeder Lebenslage brauchen wir kühle und kreative Denker: Für eine funktionierende Demokratie, zur Lösung politischer Herausforderungen, für nachhaltiges Wirtschaften und auch im Privatleben stellt der ruhige Denker einen angenehmen Ausgleich zum täglichen Geschnatter dar. Elaine Aron erklärt den

Bedarf an Introvertierten mit der Krieger-und-Berater-Theorie. Demnach kann eine Gesellschaft, die immer höher, schneller und weiter will, nur dann überleben, wenn es nicht nur Krieger, sondern auch Berater gibt. In turbulenten Zeiten brauchen wir Menschen, die auch mal innehalten, alles gegeneinander abwägen und unpopuläre Entscheidungen treffen, die die Mehrheit vor einer großen Dummheit bewahren.

Wir sollten dafür einstehen, dass wir Probleme sehen, die andere ausblenden. Wir müssen sie nur richtig kommunizieren, nämlich als Dinge, die es zu bedenken gilt. Aber auch Euphorie hat ihre guten Seiten. Sie motiviert, macht uns mutig und treibt uns an. Ideal ist ein Gleichgewicht aus Spontaneität und Vorsicht. Diese Balance wird in der Zusammenarbeit von Introvertierten und Extrovertierten möglich. Eine Welt, die nur aus extrovertierten Menschen besteht, wäre unerträglich und läge vielleicht längst in Schutt und Asche. Aber auch eine Welt aus Introvertierten wäre nicht erstrebenswert. In ihr würde alles gut durchdacht werden, aber es würde nicht viel vorangehen. Es wäre niemand da, der uns dazu ermutigt, auch mal ein Risiko einzugehen. Es wäre doch schön, uns einfach mal gehen zu lassen und die Kontrolle abzugeben. Die Belohnung ist das schöne Gefühl, eine Hürde überwunden zu haben.

Wir können diesen Reflex mit unseren eigenen Waffen schlagen, indem wir uns beim Reflektieren bewusst dazu zwingen, die Angst vor der Ungewissheit zu überwinden. Anstatt auf die Vergangenheit zu schauen, können wir den Blick in die Zukunft richten, indem wir uns vorstellen, wie gut wir uns fühlen werden, wenn wir eine Herausforderung meistern, vor der wir uns fürchten. Auch die Sorge davor, später das zu bereuen, was ich heute **nicht** mache, ist für mich ein starker Motivator. Während meiner Reise durch Vietnam konnte ich mich nur so dazu bringen, mir eine 40 Kilogramm schwere Würgeschlange um den Hals zu hängen. Normalerweise hätte ich erst andere Menschen dabei beobachtet und es dann nachgemacht. Doch in diesem Fall war niemand dabei, der sich eine

Schlange um den Hals hängen wollte. Ich wusste, dass ich es noch tagelang bereuen würde, wenn ich dieses Erlebnis ablehne. Also überwand ich mich dazu und kreierte dabei eine positive Erfahrung für meine Erinnerung. Wir brauchen diese positiven Erlebnisse, um uns später in ungewissen Situationen für eine Aktion entscheiden zu können. Alle Informationen, die Angst schüren, würde ich hingegen vermeiden. Dazu zähle ich vor allem Nachrichten – die sind schließlich immer negativ – und ängstliche Menschen, die ihre eigenen Sorgen auf ihr Umfeld projizieren. Wenn wir nur von Angst umgeben sind, wird unsere Tendenz zur Verhaltenshemmung erst recht dafür sorgen, wenig Neues auszuprobieren. Wir würden leider viel verpassen.

B. Präferenzen beim Denken

Das Gedankenkarussell

Eine unserer ganz großen Stärken ist die Fähigkeit zur Reflexion. Wir sind nicht intelligenter als Extrovertierte, aber wir verbringen mehr Zeit in unseren Köpfen. Unsere Präferenzen für Tiefe und die innere Welt der Gedanken machen uns zu nachdenklichen Menschen. Wir verarbeiten Erlebnisse und Informationen ausgiebig – noch lange, nachdem wir sie aufgenommen haben. Wenn wir uns über lange Zeiträume in ein Thema vertiefen, kommen wir zu innovativen Lösungen, die in einigen Fällen sogar die Welt verändern können. Im richtigen Umfeld ist unsere Fähigkeit, uns in Gedanken zu vertiefen, eine echte Waffe.

Doch man kann tatsächlich zu viel denken! Wir können Ideen kaputt denken oder zwischenmenschliche Beziehungen überanalysieren. Wenn aus Denken Grübeln wird, ist es zu viel. Dann beginnt sich das Gedankenkarussell zu drehen und wir kommen nur noch schwer aus unserem Kopf heraus. Wir hinterfragen, was es wohl bedeutet, wenn jemand (nicht) über unseren Witz lacht oder uns seltsam anschaut. Wir spekulieren „Was wäre wenn …?“. Wir blähen unsere Sorgen auf, sodass sie größer erscheinen, als sie sind.

Die Fähigkeit zur intensiven Reflexion ist Segen und Fluch zugleich. Immer wieder über Vergangenes oder die ungewisse Zukunft nachzudenken ohne neue Erkenntnisse zu gewinnen, macht uns unglücklich. Gefühle wie Sorgen und Schuld verursachen großen emotionalen Stress. Schuldgefühle beziehen sich immer auf die Vergangenheit, Sorgen beziehen sich stets auf die Zukunft. Beides können wir nicht beeinflussen. Es sind unnütze Gefühle, die uns auslaugen. Diese Grübeleien mögen unser Standardmodus sein, den sicherlich alle Introvertierten kennen. Doch das heißt nicht, dass wir ihn nicht durch

Training zu einem gewissen Grad ändern können. Gedanken lassen sich trainieren. Ich empfehle drei Ansätze:

1. Lebe achtsamer

In der Vergangenheit liegen die Dinge, die wir nicht mehr ändern können. In der Zukunft liegt die Ungewissheit, vor der wir uns fürchten. Ruhe finden wir nur im Hier und Jetzt. Es klingt abgedroschen und einfacher, als es tatsächlich ist, doch Achtsamkeit hilft. Konzentriere dich auf deine unmittelbare Umgebung – genau jetzt nur auf dieses Buch, das du gerade liest. Höre nur dem Menschen zu, mit dem du sprichst. Konzentriere dich auf die Natur, durch die du spazieren gehst. Achte auf Geräusche, Gerüche und Bewegungen. Wenn dir das schwerfällt, dann setze dich auf den Fußboden, verschränke deine Beine, schließe die Augen und atme einfach tief ein und aus. Unterstütze dich selbst, indem du einen einzigen positiven Gedanken immer wieder denkst. Mein liebster Gedanke ist in diesen Situationen: „Ich liebe mich selbst." Wir können nicht zwei Gedanken gleichzeitig denken. Während du denkst, dass du dich liebst, kannst du nicht gleichzeitig etwas Schlechtes denken.

Wenn du dennoch immer wieder in dein Gedankenkarussell zurückkehrst, beobachte ganz genau, welche deiner Gedanken nützlich sind. Wir Menschen denken Tausende von Gedanken jeden Tag. Die meisten davon sind für uns vollkommen nutzlos. Achte ganz bewusst darauf, welche Gedanken dich voranbringen und welche dich nur im Kreis drehen lassen.

2. Vertage deine Gedanken

Kommst du aus diesem Kreislauf nicht heraus, so vertage deine Gedanken. Wenn wir uns über etwas den Kopf zerbrechen, steigern wir uns immer mehr hinein. Das Problem wird in unserem Kopf größer, als es tatsächlich ist. Wenn du das bemerkst, entschließe dich dazu, die Gedanken jetzt nicht weiter fortzuführen. Vereinbare einen Termin mit dir selbst für den nächsten Tag. Nimm dir vor, zu einer bestimmten Uhrzeit alles genau zu durchdenken, aber nicht jetzt. Die Wahrscheinlichkeit ist hoch, dass das gleiche Problem am nächsten Tag wesentlich kleiner erscheint oder gar nicht mehr existiert. Erstaunlich viele Sorgen lösen sich innerhalb eines Tages von selbst in Luft auf.

3. Schreibe deine Gedanken auf

Karussells drehen sich im Kreis. Die gleichen Gedanken kommen immer wieder und wieder, ohne dass der eine Moment kommt, in dem alles gelöst ist. Aus diesem Karussell kannst du ausbrechen, wenn du deine Gedanken aufschreibst. Auf Papier (oder auf dem Bildschirm) wird alles viel klarer. Die einzelnen Gedankenfetzen kannst du sortieren und in eine sinnvolle Reihenfolge bringen, bis offensichtlich ist, dass du keinen zusätzlichen Gedanken mehr denken kannst. Mir dienen dazu meine Blogs und auch dieses Buch. Aber du musst deine Gedanken nicht öffentlich machen. Auch ein privates Tagebuch kann dich in diesem Prozess unterstützen.

B. Präferenzen beim Denken

Ernsthaft, aber humorvoll

Wer so viel Zeit in seinem Kopf verbringt, ist automatisch ein ernsthafter Mensch. Wir nehmen nichts auf die leichte Schulter. Was gesagt wird, das gilt. Darüber denken wir nach, interpretieren und analysieren es; wir sind auf der Suche nach der Bedeutung. Bei so viel Ernsthaftigkeit darf die Frage erlaubt sein, ob wir überhaupt Spaß verstehen. In der Tat lache ich seltener als die meisten Menschen in meinem Umfeld. Viele Dinge, die als lustig gelten, lassen mich völlig kalt. Vor allem über oberflächlichen Humor in sozialen Situationen kann ich nicht lachen. Manchmal bin ich in einer Gruppe der Einzige, der nicht lacht. Hin und wieder werde ich darauf angesprochen und stehe dazu, wenn ich etwas nicht lustig finde.
Doch ich bin alles andere als humorlos. Ich mag tiefgründigen Humor (Präferenz für Tiefe!). Man sagt mir nach, dass mein Humor sehr trocken sei. Aufgrund fehlender Emotion ist er schwer als solcher zu erkennen. Nur wer mich etwas besser kennt, kann diesen Humor überhaupt wahrnehmen. Missverständnisse sind so kaum zu vermeiden, aber das ist eben mein Humor.
Auch Satire und Stand-up-Comedy mag ich gern. Beides basiert auf genauen Beobachtungen (eine introvertierte Stärke) und beschreibt Zustände in überspitzter Form. Viele Stand-up-Komiker sind selbst eher introvertiert. Intuitiv würde man das zwar nicht erwarten, doch ihre Arbeit besteht darin, Menschen zu beobachten und anschließend in einem stillen Kämmerlein an ihren Witzen zu feilen.
Introvertierte schätzen fast jede Art von Humor, die nicht offensichtlich ist, sondern etwas mehr Tiefgang besitzt. Neben Satire und trockenem Humor neigen sie zu cleveren Wortwitzen, Parodien, schwarzem Humor und können auch gut über sich selbst lachen. Ich kann nicht verleugnen, ein wenig stolz

auf meine Präferenz für unterschwelligen Humor zu sein, der sich nicht jedem erschließt. Wenn ich Stand-up-Comedy schaue, ein lustiges Buch lese oder meine liebsten Comedy-Serien verfolge, dann kann ich herzhaft lachen. Dann wird aus einem ernsthaften Menschen einer, der eine Menge Spaß versteht.

C. Präferenzen im Arbeitsleben

Der Mythos Multitasking

Als Introvertierte bevorzugen wir tiefe Konzentration auf eine Aufgabe. Ständige Unterbrechungen oder gleichzeitig zu erledigende Aufgaben können wir überhaupt nicht gebrauchen. Extrovertierte hingegen versuchen sich lieber an mehreren Aufgaben und sonnen sich in ihrer Fähigkeit zum Multitasking. Doch während das ihre innere Präferenz sein mag, so ist es keine sehr produktive Art zu arbeiten.

Mit Multitasking verbindet sich die Hoffnung, gleichzeitig mehrere Medien nutzen oder verschiedene Handlungen durchführen zu können, um den hohen Anforderungen des modernen Alltags gerecht zu werden. Doch Multitasking ist ein Mythos. Unser Gehirn ist gar nicht in der Lage, sich auf zwei Dinge gleichzeitig zu konzentrieren – egal, ob introvertiert oder extrovertiert. Was wie gleichzeitiges Abarbeiten aussieht, ist nichts anderes als ein ständiger Wechsel zwischen zwei Aufgaben. Schon beim Versuch, sich auf zwei Dinge gleichzeitig zu konzentrieren, sinken Aufmerksamkeit und Leistungsfähigkeit. Die Produktivität sinkt gleich mit. Nur die Fehlerquote steigt. Je öfter das Gehirn hin- und herschalten muss, desto ineffizienter wird dieser Prozess. Letztendlich kostet Multitasking mehr Zeit und liefert die schlechteren Ergebnisse.

Vermutlich weißt du aus deinem eigenen Alltag, wie sehr Ablenkungen deine Produktivität und die deiner Kollegen beeinträchtigen. Durch die Erfindung von Computern und des Internets hat es in unserer Gesellschaft eine positive Entwicklung der Produktivität gegeben. Diesen Fortschritt brauchen wir, um unseren Lebensstandard halten oder weiter steigern zu können. Dennoch war der Produktivitätssprung nicht so gewaltig, wie man es bei diesen Fortschritten erwarten konnte. Denn im Alltag bringen Computer und Internet nicht nur Effizienzgewinne, sondern eine Menge Ablenkungen mit sich. Auf dem Bildschirm sind mehrere Browser-Fenster geöffnet, beinahe minütlich treffen E-Mails ein, das Telefon klingelt und dabei sitzt du noch im Großraumbüro mit 20 Kollegen. Das alles unter einen Hut zu bringen, könnte man als Multitasking bezeichnen. Doch tatsächlich ist es nichts anderes als viele Prozesse, die sich abwechseln und uns immer wieder aus der Konzentration herausreißen.

Ich bin gegen diese Ablenkungen selbst nicht immun. Als Selbstständiger, der von zu Hause arbeitet, muss ich sogar noch mehr Disziplin aufbringen, um mich von ihnen nicht vollständig einnehmen zu lassen. Meine innere Präferenz möchte etwas anderes. Sie möchte konzentrierte Arbeit an einer Aufgabe. Und genau darin liegt unsere Stärke. Wir bevorzugen auf natürliche Weise den wesentlich produktiveren Weg. Sich dieser Präferenz bewusst zu sein ist eine entscheidende Voraussetzung dafür, das passende Arbeitsumfeld zu finden. Um deiner Vorliebe gerecht zu werden, eignen sich vor allem Berufe, die tiefe Konzentration erfordern und honorieren. Auch Selbstbestimmung ist aus meiner Sicht ein wesentliches Kriterium.

Es muss übrigens nicht gleich ein neuer Beruf sein. Ein Wechsel innerhalb eines Unternehmens kann genügen, um deinen Präferenzen gerecht zu werden. Du wirst vermutlich noch viele Jahre arbeiten. Da ist es sinnvoll, deine Zeit mit etwas zu verbringen, das deiner inneren Präferenz entspricht.

C. Präferenzen im Arbeitsleben

Marathon statt Sprint

Vor einiger Zeit schrieb ein Mitglied des Forums für Introvertierte: „Mich beschäftigt schon seit Langem das Gefühl, dass ich ein anderes inneres Tempo habe als meine Umwelt. Mir geht vieles zu schnell. Ich brauche mehr Zeit, um Eindrücke zu verarbeiten, und möchte mich länger mit einem bestimmten Gedanken auseinandersetzen."

Es ist nicht nur ein Gefühl, das dieses introvertierte Forumsmitglied beschleicht. Es beschreibt vielmehr, wie wir Informationen verarbeiten – und zwar gewissenhaft. Wir durchdenken alles ganz genau, wägen alle Erkenntnisse ab und kommen dann zu einer Entscheidung. Daher sind wir nicht sehr spontan, sprechen und arbeiten langsamer als andere.

Berufe, in denen wir mit wenigen Informationen schnelle Entscheidungen treffen müssen, sind nicht die richtigen für uns. Werde ich unvorbereitet um eine Entscheidung gebeten, antworte ich ungern sofort. Ich muss die Information erst einmal sacken lassen und bitte um Bedenkzeit. Das kann zwar häufig als ein Nein verstanden werden, doch es liegt an mir, verständlich zu kommunizieren, dass ich unvoreingenommen bin und lediglich etwas Zeit benötige.

Diese Langsamkeit macht sich nicht nur im Job bemerkbar. Fragt mich jemand, ob ich spontan Lust hätte, ins Kino zu gehen, so weiß ich das nicht sofort. Ich muss zunächst in mich hineinhorchen. Schnell antworten kann ich nur, wenn ich Erfahrungswerte aus der Vergangenheit habe. Weiß ich aus Erfahrung, dass Kino meistens eine gute Wahl ist, so entscheide ich mich dafür, weil es in der Vergangenheit immer gut war. Gibt es diese Erfahrungswerte nicht, so erbitte ich mir Bedenkzeit.

Was uns an Schnelligkeit fehlt, machen wir mit Ausdauer wieder wett. Wenn wir uns ein Thema erarbeiten, dann können wir uns sehr geduldig daran festbeißen. Anstatt uns mit vielen Dingen zu beschäftigen, suchen wir die Komplexität in der Tiefe und geben selten auf, bevor wir eine Aufgabe zum Ende gebracht haben. Dann können wir sehr stoisch nach der Lösung suchen, während andere längst aufgeben und sich anderen Problemen widmen.

Diese Eigenschaft hat schon sehr prominenten Vorbildern zu großen Erfolgen verholfen. So beschreibt Steve Wozniak – einer der beiden Apple-Gründer – in seinem Buch „iWoz“ wie wichtig seine Ausdauer für den Erfolg des Unternehmens war: „Ich erwarb eine zentrale Fähigkeit, die mir meine ganze Karriere helfen sollte: Geduld. Ich meine es ernst. Geduld wird gewöhnlich völlig unterschätzt.“

Der in der Öffentlichkeit wesentlich bekanntere Steve Jobs war ein genialer Unternehmer. Er war Visionär und Lautsprecher. Nur geduldig war er nicht. Es ist unwahrscheinlich, dass er ohne seinen kongenialen Partner Steve Wozniak mit den ersten Apple-Computern Erfolg gehabt hätte. Die beiden ergänzten sich hervorragend und bildeten ein mächtiges Team. Wozniak zog es vor, hinter den Kulissen zu arbeiten. Mit Akribie schuf er den Apple II, einen damals revolutionären Computer. Ganz klar, dass auch ein Genie wie Wozniak das nicht ohne Ausdauer schaffen konnte.

Selbst Albert Einstein hielt sich angeblich nicht für besonders intelligent, sondern ausdauernd: „It’s not that I’m so smart. I just stay with problems longer.“ Einstein war bekannt für seine Gedankenexperimente, die nur durch jahrelanges Brüten möglich wurden. Seine Allgemeine Relativitätstheorie wird noch heute nur von sehr wenigen Menschen verstanden, dabei revolutionierte sie einst die Physik.

Extrovertierte und Introvertierte sind gleich intelligent. Die einen sind schneller, die anderen sind ausdauernder. Der Sprinter glänzt auf der 100-Meter-Strecke, steht aber keinen

Marathon durch. Der Marathonläufer läuft ruhig seine 42,195 Kilometer, kommt beim Sprint aber als Letzter ins Ziel. Beide haben ihre Stärken, die sie im richtigen Umfeld zur vollen Entfaltung bringen können. In der richtigen Umgebung können wir mit unseren Stärken glänzen. Gewissenhaftigkeit und Ausdauer sind zwei davon.

Reden ist Silber, Schreiben ist Gold

Meine Gedanken schreibe ich lieber auf, als sie auszusprechen, daher schreibe ich lieber E-Mails, als zu telefonieren. So ergeht es den meisten Introvertierten. Wenn wir Gedanken, Ideen oder komplexe Informationen kommunizieren wollen, gelingt uns das besser schriftlich.

Es fällt uns schwer, unsere Gedanken mündlich auszudrücken. Das, was in unseren Köpfen existiert, kommt in Worten häufig anders heraus. Und so klagen viele Introvertierte darüber, sich häufig missverstanden zu fühlen. Kein Wunder: Gespräche sind meistens schnell. Unsere Präferenz, erst zu denken, dann zu sprechen, ist nicht kompatibel mit der extrovertierten Präferenz, beim Sprechen zu denken.

Schriftlich sind wir besser. Das, was wir nicht aussprechen, drücken wir in langen E-Mails aus. Auch die Beiträge im Forum für Introvertierte sind so umfassend, dass ich schon lange nicht mehr alles lesen kann. Während wir mündlich Probleme haben, uns schnell zusammenhängend auszudrücken, legen wir beim Schreiben besonderen Wert darauf, dass wir unsere Nachricht korrekt transportieren.

Warum wir lieber schreiben

Dass wir lieber schreiben, ist auf unsere drei großen Präferenzen zurückzuführen. Wir bevorzugen die innere Welt der Gedanken gegenüber der Interaktion mit Menschen. Schreiben können wir allein, reden jedoch nicht. Jedenfalls nicht, wenn wir etwas kommunizieren wollen. Außerdem benötigen wir nur wenig Stimulation. Beim Schreiben können wir den Grad an Stimulation selbst bestimmen. Ein Gespräch ist jedoch nicht planbar. Dessen Verlauf liegt nicht allein in unserer Hand, schließlich gibt es eine direkte Reaktion anderer Menschen. Auf unvorhergesehene Fragen oder Aussagen wissen wir unter Umständen nicht sofort eine Antwort. Diese Ungewissheit ist stimulierend. Entscheidend dürfte jedoch unsere Präferenz für Tiefe sein. In Gesprächen finde ich es nicht nur herausfordernd, meine Gedanken verständlich zu formulieren. Häufig bin ich mir noch im Unklaren darüber, was ich überhaupt denke. Etwas aufzuschreiben hilft mir, meine Ideen zu sortieren und meine eigenen Gedanken besser zu verstehen. Ich werfe zunächst alle Gedanken in unfertigen Sätzen auf eine weiße Seite. Dann ordne ich sie, fasse Ähnliches zusammen und lösche Ideen, die im Zusammenhang doch keinen Sinn mehr ergeben. Später formuliere ich meine Gedanken aus und versuche herauszustellen, was genau ich sagen möchte. Das Buch, das du gerade liest, ist genau so entstanden.

Nachdem ich etwas aufgeschrieben habe, kann ich selbst leichter über dieses Thema reden. Das Schreiben zwingt mich dazu, es wirklich zu durchdenken. Im Anschluss kann ich meine ausformulierten Gedanken aufgreifen und sie besser mündlich kommunizieren. Das ist einer der Gründe, weshalb ich introvertiert.org überhaupt gegründet habe. In den ersten Monaten schrieb ich nur für mich ohne einen einzigen Leser. Nachdem ich viel über Introversion gelesen hatte, musste ich mir selbst erst einmal darüber klar werden, was die neuen Erkenntnisse für mich bedeuten.

Schreiben ist für mich also ein ausgezeichnetes Mittel, meine Gedanken zu sortieren, gut auszuformulieren und sie interessierten Menschen zugänglich zu machen. Schriftliches wird festgehalten und anders wahrgenommen als ein flüchtiges Gespräch. Nicht umsonst gibt es den Spruch: Wer schreibt, der bleibt. Schriftlich kann ich mir das Gehör verschaffen, das mir sonst versagt bleibt. Letztendlich bereichert es indirekt sogar meine Gespräche mit anderen Menschen, da ich mit ihnen Themen diskutieren kann, die ich für mich schon einmal durchdacht habe. Daher kann es sich sogar lohnen, ein Tagebuch zu führen und die Dinge aufzuschreiben, die dich bewegen.

Doch Schreiben allein genügt nicht. Wenn es um persönliche Beziehungen geht, stößt das Schriftliche an Grenzen. In vielen Situationen ist ein noch so fein ausformuliertes Schriftstück dem persönlichen Gespräch unterlegen. Bei Konflikten kochen die Gemüter schneller hoch, wenn nur schriftlich kommuniziert wird. So gerät ein E-Mail-Verkehr schnell außer Kontrolle, weil man den Menschen hinter dem Text nicht sieht. In solchen Fällen steige ich doch lieber auf das Telefon um oder schicke eine Nachricht voraus, in der ich um ein Gespräch bitte.

Auch im Umgang mit Kollegen ist persönliche Kommunikation von entscheidender Bedeutung, vor allem für Führungskräfte. Wir können nicht davon ausgehen, dass jeder Mensch so tickt wie wir. Im Gegenteil: Die Mehrheit braucht das Gespräch von Angesicht zu Angesicht. Daher versuchte ich im Büro, nicht alle Fragen meiner Kollegen per Skype oder E-Mail zu beantworten. Stattdessen kam ich an ihren Arbeitsplatz. Indem ich ihnen so mehr Aufmerksamkeit schenkte als mit einem Zweizeiler, wirkte ich etwas nahbarer. Und häufig konnten wir so besprechen, was dem Kollegen wirklich auf dem Herzen lag. Oftmals sind die Fragen komplexer, als sie zunächst scheinen.

Netzwerken mit Tiefgang

In einigen Berufen ist es notwendig, auf Veranstaltungen Kontakte zu knüpfen. In einigen mehr, in anderen weniger. In meinem früheren Leben als Online-Marketer musste ich einmal im Jahr eine Messe besuchen. Darüber hinaus gab es monatliche Veranstaltungen, deren einziger Zweck das Netzwerken war. Wer sich in der Branche einen Namen machen wollte, sollte sich dort besser blicken lassen. Anfangs mochte ich diese Veranstaltungen gar nicht. Für mich als Introvertierten waren sie zu stimulierend. Zu viele neue Eindrücke und Menschen. Es war nahezu unmöglich, mich auf diese Situationen vorzubereiten, und die meisten Gespräche verliefen oberflächlich. Klar, dass es dort nicht ohne Small Talk ging.
Erst im Verlauf der Zeit wurde es etwas besser. Über die Jahre gewann ich zunehmend die Kontrolle über diese Situationen. Dass ich sie irgendwann beinahe mochte, war vor allem Einstellungssache. Ein paar Tipps möchte ich dir an dieser Stelle mitgeben, denn vielleicht wirst du bereits zum Netzwerken genötigt oder wirst in Zukunft nicht drum herumkommen.

1. Vergleiche dich nicht mit Extrovertierten

Auf meinen ersten Messen wedelte mir mein extrovertierter Chef am Ende des Tages 50 Visitenkarten ins Gesicht. Ich hatte vielleicht fünf Karten eingesammelt und wusste nicht, wie er das macht. Um ein besserer Netzwerker zu werden, las ich das Buch „Geh nie alleine essen“ und war fasziniert von den Ideen – wohl wissend, dass ich sie nicht umsetzen würde. Bald erkannte ich, dass ich mich nicht mit Extrovertierten vergleichen kann. Ich möchte nicht 50 Visitenkarten einsammeln und gehe eigentlich ganz gern mal alleine essen. Mit der Zeit habe ich die Schuldgefühle, die ich deshalb hatte, weitgehend abgelegt. Ich netzwerke nun so, wie ich es möchte.

2. Führe wenige, aber bedeutsame Gespräche

Ich kann auf einer Veranstaltung 20 oder mehr Gespräche führen, doch das Ergebnis ist ernüchternd. In der kurzen Zeit, die für jedes Gespräch bleibt, baue ich keine Beziehung auf, an die ich oder mein Gesprächspartner sich anschließend erinnern. Zwei gute Gespräche sind mir wesentlich mehr wert als 20 oberflächliche. Ich fühle mich besser dabei, kann mein bestes Selbst sein und bin somit ein wertvollerer Gesprächspartner. Im Anschluss an die Veranstaltung fasse ich schriftlich nach, wenn ich die Person mag. Aus solchen intensiven Gesprächen entstehen für mich die besseren Kontakte.

3. Denke langfristig

Auf meiner ersten Netzwerkveranstaltung im ersten Job sollte ich möglichst viele Partner gewinnen, die unser Produkt verkaufen. Ich mochte dieses Ziel nicht, aber zog los und sprach mit vielen Leuten. Ich kann mich jedoch nicht daran erinnern, auch nur einen Partner gewonnen zu haben. Mit der Zeit verstand ich, dass auf solchen Veranstaltungen niemand etwas verkauft bekommen möchte. Es geht lediglich darum, Beziehungen aufzubauen. Dieser nachhaltige Ansatz kommt uns sehr entgegen, da wir keine geborenen proaktiven Verkäufer sind.

4. Vereinbare konkrete Termine

Anstatt unter Hunderten von Menschen hilflos herumzustehen, nehme ich gerne schon vor einer Veranstaltung Kontakt zu Leuten auf, mit denen ich mich unterhalten möchte. Vor allem bei Messen sind konkrete Termine sinnvoll. Aber auch auf Business-Partys ist es wahrscheinlicher, mit Leuten ins Gespräch zu kommen, die man vorab kontaktiert hat.

5. Gönne dir Auszeiten

Als Introvertierte brauchen wir die Möglichkeit, uns hin und wieder zurückzuziehen. Diese Auszeiten solltest du dir wirklich gönnen, um dein bestes Selbst zu sein. Daher gehe ich zwischendurch hin und wieder an die frische Luft oder suche die Toilette häufiger auf, als es biologisch notwendig wäre. Am besten ist es, wenn sich meine Unterkunft gleich nahe der Location befindet. Dann ziehe ich mich gern auch mal für eine halbe Stunde zurück. Wichtig ist dann nur, sich nach dieser halben Stunde wieder aufzuraffen.

Mit diesen Hinweisen solltest du jede Veranstaltung besser überstehen können. Das Wichtigste ist deine innere Einstellung. Wenn du mit deinen introvertierten Präferenzen im Reinen bist und dich nicht zu sehr an Extrovertierten orientierst, kannst du für dich das Beste aus der Situation herausholen. Mit der Zeit werden diese Veranstaltungen ohnehin leichter. Je mehr Menschen du in deiner Branche kennst, desto wahrscheinlicher ist es, dass du durch sie weitere Leute kennenlernst. Und im Idealfall bist du irgendwann derjenige, mit dem alle sprechen wollen.

So wirst du besser im Small Talk

Ein wichtiges Handwerkszeug beim Netzwerken ist der Small Talk. Und nicht nur da: In vielen sozialen Situationen bahnen sich Menschen so den Kontakt zueinander. Small Talk ist die gängigste Methode, um mit Menschen ins Gespräch zu kommen – und Introvertierte hassen es! Ich lasse mich bewusst zu dieser Verallgemeinerung hinreißen, da es in Diskussionen unter Introvertierten eines der wenigen Themen ist, die garantiert immer auftauchen.
Ich selbst mag keinen Small Talk. Er gibt mir überhaupt nichts. Mein Gegenüber und ich wissen, dass es nicht wirklich um den Inhalt des Small Talks geht. Für Introvertierte wirken diese

Anbahnungen daher besonders sinnlos. Ich würde viel lieber tief gehende Gespräche mit Bedeutung führen. Ich möchte etwas aus dem Leben meines Gesprächspartners erfahren. Ich möchte Ideen austauschen.
Dennoch erfüllt Small Talk für den Großteil der Menschheit durchaus seinen Zweck. Die Menschen reden über Belanglosigkeiten, um warm zu werden und sich dem anderen anzunähern. Das Problem für mich als Introvertierten: Ich muss erst warm werden, bevor ich Small Talk machen kann. Da beißt sich die Katze in den Schwanz. Aber warum tun wir uns so schwer mit etwas, das für viele Menschen eine Selbstverständlichkeit ist?

Small Talk kratzt nur an der Oberfläche. Er geht gegen meine Präferenz für Tiefe. Es geht nicht ums Zuhören und Reflektieren. Small Talk handelt meist vom Wetter oder dem persönlichen Tagesgeschehen. Um über diese Dinge zu reden, bedienen sich Menschen ihres Kurzzeitgedächtnisses. In kurzer Abfolge spielt man sich die Bälle zu und ruft die frischen Informationen aus dem Gedächtnis ab. Und da liegt das Problem. Sensible Menschen bedienen sich eher am Langzeitgedächtnis. Der schnelle Zugriff auf frische Informationen fällt ihnen schwer. Somit fällt ihnen oft nichts ein, wenn sie schnell antworten müssen oder ohne Vorbereitung reden sollen. Wir müssen tiefer in unserem Gedächtnis wühlen, um Informationen abzurufen. Das dauert länger, als das Wissen aus dem Kurzzeitgedächtnis abzufeuern. Als ich in den Büchern von Susan Cain und Marti Olsen Laney zum ersten Mal über entsprechende Studien las, war ich erleichtert, da ich mich sofort wiedererkannte und mein Gehirn offenbar keinen Schaden hat, sondern seine Erinnerungen nur anders abruft.
Das heißt jedoch nicht, dass wir hoffnungslose Fälle wären und jedem Small Talk aus dem Weg gehen sollten. Ja, wir mögen ihn nicht und wir beherrschen ihn nicht besonders gut. Aber das eine bedingt das andere. Die Fähigkeit, Small Talk zu

führen, wurde uns nicht in die Wiege gelegt. Es fühlt sich für uns nicht natürlich an. Schon deshalb mögen wir Small Talk nicht. Niemand macht etwas gern, das er nicht beherrscht. Daher gehen wir ihm nach Möglichkeit aus dem Weg – und werden nicht besser. Ein Teufelskreis, den wir jedoch durchbrechen können. Small Talk ist in unserer Gesellschaft so wichtig, dass wir ihn nicht ignorieren sollten. Wir können besser werden, wenn wir den Ablauf von Small Talk verstehen und einige Tipps beherzigen.

Die Logik des Small Talks in vier Phasen

In ihrem Buch „Die Macht der Introvertierten“ beschreibt Marti Olsen Laney die vier Phasen des Small Talks. Das analytische Sezieren dieses ungeliebten Prozesses wird dir helfen, dich gezielt auf jede Phase vorzubereiten.

1. Gesprächseröffnung

Die ersten Worte sind oft die schwersten. Sie werden noch schwerer, je länger du wartest. Daher solltest du die Gesprächseröffnung sofort wagen und gar nicht erst ein unangenehmes Schweigen entstehen lassen. Stelle dich zunächst namentlich vor und eröffne das Gespräch mit einer offenen Frage zur gemeinsamen Situation: „Wie gefällt dir die Veranstaltung? Kennst du den oder den? Ist es hier nicht schön?“ Auch wenn du zu einer Gruppe stößt, ist eine Frage der beste Einstieg. In diesem Fall sollte sie zum Thema des laufenden Gesprächs passen.
Auf die Gesprächseröffnung kannst du dich gut vorbereiten. In Abhängigkeit von der zu erwartenden Situation kannst du dir vorab mögliche Einstiegsfragen überlegen. Dich über das aktuelle Tagesgeschehen zu informieren kann ebenfalls sinnvoll sein. Auch ein Kompliment ist immer ein guter Eisbrecher. Zeige Anerkennung für eine auffällige Brille oder Tasche oder

beziehe dich auf die Rede, die dein Gesprächspartner vielleicht gerade gehalten hat.

2. Aufrechterhaltung

Wenn die ersten Sätze gesprochen sind, geht es im zweiten Schritt darum, das Gespräch am Laufen zu halten. Das fällt uns wohl am schwersten. Auch in dieser Phase sind Fragen ein gutes Mittel der Wahl. Sie sollten ein bisschen tiefer gehen. Frage nach Erfahrungen oder Meinungen zu einem Thema, das der Veranstaltung nahe liegt. Das gibt deinem Gegenüber genug Anlass, etwas über sich zu erzählen. Genau diese Informationen brauchst du, um im Anschluss weitere Fragen zu stellen. Du merkst schon: Es läuft immer wieder auf Fragen hinaus. Dieses Mittel der Gesprächsführung kommt uns Introvertierten am nächsten, denn wir hören ja meist lieber zu, als selbst über belanglose Dinge zu plaudern. An dieser Stelle ergänzen sich Extrovertierte und Introvertierte sehr gut, denn der Redner findet so einen guten Zuhörer. Am Ende wird er das Gespräch positiv bewerten, selbst wenn du nur wenig gesagt hast.

3. Übergang

In den meisten Fällen wird das Gespräch nach einer Weile langsam einschlafen. Das ist nicht tragisch. Es liegt in der Natur des Small Talks. Du musst lediglich entscheiden, wie du darauf reagieren willst: Möchtest du das Gespräch wiederbeleben oder zum Abschluss bringen? Du kannst ein Gespräch reanimieren, indem du erneut in ein zuvor besprochenes Thema einsteigst. Du könntest eine Frage stellen, die du vorher noch nicht losgeworden bist, oder du steuerst deine eigene Meinung bei. Du kannst auch das Thema wechseln und eine Frage stellen, deren Antwort dich wirklich interessiert. Einige Beispiele findest du am Ende dieses Kapitels. Falls dich das

Gespräch aber ermüdet oder langweilt, ist es nun an der Zeit, das Ende zu finden.

4. Abschluss

Sollte dir dein Gesprächspartner nicht zuvorkommen, kannst du dich unter einem bestimmten Vorwand verabschieden. Bedanke dich für das angenehme Gespräch und verweise darauf, noch mit deinem Bekannten XY sprechen oder das Buffet aufsuchen zu wollen. Falls du mit deinem Gesprächspartner in Kontakt bleiben möchtest, beende das Gespräch einfach, indem du nach den Kontaktdaten oder einer Visitenkarte fragst. Damit signalisierst du Interesse, aber auch, dass du zum Ende kommen möchtest.

Tipps für eine bessere Small-Talk-Erfahrung

- Gehe nicht mit zu hohen Erwartungen in einen Small Talk. Erwarte nicht sofort tief schürfende Gespräche, sondern verstehe Small Talk als das, was es ist: Ein Austausch von Belanglosigkeiten, um sich gegenseitig zu beschnuppern.
- Hab keine Angst vor diesen Belanglosigkeiten. Das ist nun einmal die Natur des Small Talks. Lerne, damit zu leben, zumindest für den Einstieg. Rede über das Wetter, die Nachrichten, die gemeinsame Veranstaltung, eure Berufe, Filme, Musik oder was dir gerade in den Sinn kommt.
- Überlege dir vor der Veranstaltung, was du dort überhaupt möchtest. Was hast du davon, mit anderen Menschen ins Gespräch zu kommen? Wir tun uns wesentlich leichter damit, Menschen anzusprechen, wenn wir ein konkretes Ziel haben.
- Gehe auf Menschen zu, die dir sympathisch erscheinen. Sympathie ist sehr wichtig für ein gutes Gespräch. Spürst du bereits am Anfang keine Sympathie, wird dich das Gespräch vermutlich noch mehr langweilen.

- Nähere dich anderen Menschen immer mit einem Lächeln. Damit signalisierst du, in Freundschaft zu kommen, und lädst deine Mitmenschen zum Gespräch ein.
- Es ist leichter, auf Menschen zuzugehen, die alleine sind. Die meisten freuen sich, wenn du sie ansprichst. Schließlich sind auch andere Menschen unsicher. Sei dir dessen bewusst, wenn du auf Leute zugehst.
- Stelle dich zu Beginn eines Gesprächs immer namentlich vor und füge noch ein oder zwei Informationen zu dir hinzu. Das erleichtert es dem anderen, ins Gespräch einzusteigen.
- Finde Gemeinsamkeiten zwischen dir und deinem Gesprächspartner. Falls du vorher weißt, auf welche Leute du stoßen wirst, dann informiere dich vorab ein wenig über sie. Welchem Beruf gehen sie nach, welche Hobbys haben sie? Durch soziale Netzwerke und persönliche Websites ist das heute leichter als je zuvor. Auch im Gespräch selbst kannst du durch gezielte Fragen Gemeinsamkeiten herausfinden.
- Gerate nicht ins Grübeln! Wir sind nachdenkliche Menschen, aber das tut dem Small Talk nicht gut. Er lebt von der Leichtigkeit, einfach irgendetwas sagen zu können, das nicht schon stundenlang durchdacht worden ist. Denke also nicht zu viel nach.
- Gib hin und wieder etwas Persönliches preis. Das mögen wir Introvertierte gar nicht, vor allem gegenüber Fremden. Doch es führt dazu, dass sich auch unser Gegenüber mehr öffnet, da wir vertrauenswürdig wirken. Lass es eine Schwäche sein oder auch nur eine Meinung: Etwas Persönliches kann das Gespräch letztendlich dorthin lenken, wo du es haben willst.
- Sieh jeden Small Talk als eine Übung. Die meisten Menschen siehst du nie wieder. Da ist es egal, wenn du nicht so rüberkommst, wie du es möchtest. Doch beim nächsten Mal bist du schon besser.

Wie du vom Small Talk zum tiefen Gespräch gelangst

Unabhängig davon, wie gut wir Small Talk beherrschen, wollen wir dennoch hin zu tiefen Gesprächen. Das entspricht nun einmal unserer inneren Präferenz. Menschen interessieren mich erst dann, wenn ich etwas Persönliches über sie weiß. Nicht nur ihre Meinung zum Wetter. Ich möchte etwas über sie erfahren, das auf ihre Werte schließen lässt. Denn ich fühle mich mit den Menschen am wohlsten, die meine Werte teilen. Wie man am besten dorthin kommt, beschreibt die BEAT-Methode. Diese steht für:

Beruf
Erholung
Angehörige
Tiefe

BEAT schlägt drei konkrete Themenbereiche vor, von denen aus man schnell tiefer gehen kann. Anstatt über das Wetter, die beschwerliche Anreise oder aktuelle Nachrichten zu reden, sollte man über Beruf, Erholung (Urlaub, Hobbys) und Angehörige (Familie, Freunde) sprechen. Am besten in dieser Reihenfolge. Die Frage nach dem Beruf ist die leichteste. Von dort kommt man leicht zu Urlaub und Hobbys. In diesen Themen verstecken sich oft Ansatzpunkte für weitere Fragen zu Freunden und Familie. Das sollte genug Small Talk sein, um in die Tiefe zu gehen.

Was Tiefe bedeutet, hängt von der Gesprächssituation ab. Möchtest du etwas Geschäftliches besprechen, so ist jetzt der richtige Zeitpunkt, das zu tun. Ihr seid miteinander warm geworden und könnt nun zum eigentlichen Zweck des Gesprächs kommen. Ich gehe davon aus, dass du von hier an am besten weißt, was zu tun ist.

Der folgende Abschnitt handelt von freundschaftlicher Tiefe. Ich arbeite seit Jahren in Branchen, in denen das Netzwerken sehr locker ist. Die meisten Leute sind in meinem Alter oder jünger, man duzt sich. Das Geschäftliche ist häufig nur eine Nebensache, die folgen kann, wenn man sich besser kennt. Wenn ich netzwerke, erweitere ich meinen privaten Bekanntenkreis oder gewinne neue Freunde. Auf diese Art von Tiefe beziehen sich die folgenden Fragen, die du stellen könntest, wenn es ausreicht mit dem Small Talk. Natürlich kannst du sie auch bei anderen Small-Talk-Anlässen verwenden.
Es ist nicht leicht, diese Fragen zu stellen. Sie sind ziemlich direkt, aber das ist der Sinn der Übung. Ich will zu dem Menschen vordringen. Und ich bin mir sicher, dass ein kurzes Gespräch über Beruf, Erholung und Angehörige genug Ansätze für ein paar dieser Fragen liefert.

- Was machst du am liebsten?
- Welches Buch hast du zuletzt gelesen?
- Was ist das Schönste, das dir in letzter Zeit passiert ist?
- Wohin geht deine nächste Reise?
- Was würdest du ändern, wenn du es könntest?
- Magst du deinen Job?
- Warum machst du deinen Job?
- Was würdest du machen, wenn du kein Geld bräuchtest?
- Was wolltest du werden, als du klein warst?
- Was ist dir wichtig?
- Was wolltest du schon immer machen?
- Wer inspiriert dich?
- Was möchtest du in deinem Leben auf jeden Fall erreichen?
- Mit welchen Menschen verbringst du am liebsten Zeit?
- Was macht dich glücklich?

- Worauf bist du stolz?
- Was würdest du gern besser können?

Solche Fragen öffnen die Türen für großartige Gespräche. So können Freundschaften entstehen. Oder dir wird schnell klar, dass ihr nicht zusammenpasst. Leider können wir nicht immer mit einem Spickzettel durch die Gegend laufen, um uns an all diese Fragen zu erinnern. Wähle darum einfach drei oder vier Fragen aus, die du bei nächster Gelegenheit einmal ausprobieren möchtest.
In einer ruhigen Stunde kannst du sie dir auch selbst einmal stellen. Ich vermute, dass du viel über dich lernen wirst.

Übrigens, falls dir gar nicht daran gelegen ist, besser im Small Talk zu werden, sondern du einfach deine Ruhe haben willst, wenn ein Kollege mal wieder plaudern möchte, dann kannst du ein Gespräch schon im Keim ersticken. Sobald jemand auf dich zukommt, um Belanglosigkeiten auszutauschen, frage einfach: „Was kann ich für dich tun?" Dadurch muss dein Gesprächspartner gleich zum Punkt kommen, und wenn er gar keinen Punkt hat, muss er entlarven, dass er lediglich Zeit vertrödeln möchte. Dann kannst du darauf hinweisen, dass du gerade wirklich beschäftigt bist.

Öffentlich reden

Lange Zeit dachte ich, dass Introvertierte keine guten Redner seien. Ich ging von meinem eigenen Unbehagen aus, wenn ich vor Menschen reden muss. Bis ich immer mehr Introvertierte fand, die kein Problem damit haben, auf der Bühne zu stehen. Einige konnte ich sogar live erleben. Darunter Chris Guillebeau, der nichts weniger als die Welt verändern will und als bekennender Introvertierter mit dem World Domination Summit eine eigene Konferenz ins Leben rief, durch die er sachlich, unaufgeregt und humorvoll auf der Bühne führte.

Die Angst vor öffentlichem Reden ist keine exklusive Angst von Introvertierten. Sie ist in unseren Genen einprogrammiert. Da Introvertierte ungern im Mittelpunkt der Aufmerksamkeit stehen, ist sie bei uns vielleicht noch etwas stärker ausgeprägt. Doch darf man Angst und Introversion nicht miteinander verwechseln. Introvertierte können sogar sehr gute Vorträge halten – wenn sie sich gut vorbereiten und über die Jahre eine Routine entwickeln. Wie mit allen schwierigen Dingen im Leben ist es in erster Linie eine Frage des Trainings.

Der Unterschied zwischen Extrovertierten und Introvertierten beim öffentlichen Reden ist einzig die Fähigkeit zur Spontaneität. Unser Pause-to-check-Reflex lässt uns zunächst reflektieren, anstatt unbedacht zu reden. Denken und Sprechen sind zwei verschiedene Prozesse, die wir voneinander trennen. Hinzu kommt, dass wir bei hoher Stimulation etwas an Aufmerksamkeit verlieren und sich unser Kurzzeitgedächtnis dann besonders schwertut. So müssen wir selbst bei scheinbar leichten Fragen lange überlegen. Wenn ich von einer Reise heimkehre, höre ich häufig die Standardfrage: „Wie war's?" Während andere Menschen diese Gelegenheit nutzen, in einen langen Monolog zu verfallen, antworte ich für gewöhnlich mit: „Gut." Das ist etwas dürftig. Daher versuche ich noch ein paar

Sätze hinzuzufügen, doch dann ist Schluss. Zwar habe ich viele Informationen in meinem Kopf – schließlich habe ich ja unterwegs tatsächlich etwas erlebt – doch kann ich sie nicht spontan zusammenfügen. Es fällt mir schwer, in Gedanken zu ordnen, was wichtig ist und was nicht. Bevor ich warmgelaufen bin, hat mein Gesprächspartner schon das Interesse an seiner Frage verloren. So fasse ich mich gleich kurz, und was eine gute Story hätte sein können, wird zu: „Gut." Erst später fällt mir dann ein, was ich hätte erzählen können. Mittlerweile habe ich ein paar Strategien entwickelt, mit denen ich solche Situationen besser meistere.

1. Aufschreiben

In meinen Blogs schreibe ich über die Themen, die mich bewegen. Was ich einmal aufgeschrieben habe, fällt mir später leichter zu erzählen. Ein schöner Nebeneffekt des Bloggens: Was aufgeschrieben ist, muss ich nicht unbedingt auch noch erzählen. Vor allem meine Familie und Freunde lesen mit, wenn es sie interessiert.

2. Vorbereiten

Ich versuche, nie unvorbereitet zu sprechen. Auf Meetings und Präsentationen bereite ich mich intensiv vor. Das kostet mich mehr Zeit als Extrovertierte, die mit weniger Vorbereitung in eine Präsentation oder einen Vortrag gehen. So gleiche ich die fehlende Eloquenz und Spontaneität ein wenig aus. Auch auf Fragen, die mir häufig gestellt werden, bereite ich mich vor. So fiel es mir als Geschäftsführer meiner eigenen Marketing-Agentur lange Zeit schwer, unsere Leistungen in mehr als einem knappen Satz zu beschreiben. Also schrieb ich sie mir auf und bereitete mich auf solche Fragen vor.

3. Auswählen

Ich vermeide es, über Themen zu reden, über die ich wenig weiß. Das betrifft nicht nur Vorträge, sondern Gespräche jeder Art. Nur wenn ich mich gut auskenne und mir ein Thema Freude bereitet, lasse ich mich auf lange Gespräche ein. Dann kann ich tatsächlich sehr umfassend diskutieren.

4. Konkretisieren

Allgemeine Fragen bereiten mir Probleme. Wenn ich spontan keine Antwort weiß, bitte ich meinen Gesprächspartner darum, eine etwas konkretere Frage zu stellen. Diese sind meist auch überlegter.

5. Abwarten

Wenn es die Situation erlaubt, verschiebe ich meine Antwort auf einen späteren Zeitpunkt. Ich bitte um etwas Bedenkzeit und verspreche, später darauf zurückzukommen. So lasse ich mich nicht unnötig zu Aussagen hinreißen, die ich nicht durchdacht habe.

Kommen wir abschließend noch einmal zurück zur öffentlichen Rede. Manch einer von uns kann oder will diesen Gelegenheiten nicht aus dem Weg gehen, und ich denke, dass wir uns nicht in die Opferrolle begeben müssen. Es mag sich für uns weniger natürlich anfühlen, frei auf der Bühne zu reden – vor allem, wenn wir uns nicht an einer endlosen Reihe von Powerpoint-Folien orientieren können. Trotzdem können wir gute Redner werden. Vielleicht reißen wir ein Publikum nicht so sehr mit wie stark extrovertierte Redner, weil uns der innere Drang fehlt, eine Show aufführen zu wollen. Dafür bieten wir mehr Tiefe und wollen unserem Publikum inhaltlich etwas mitgeben oder sie im Innersten berühren. Gute Beispiele introvertierter Redner findest du übrigens online. Suche bei Google nach „Susan Cain TED Talk“, um ihre bewegende

Rede „The Power of Introverts“ zu sehen, oder schau dir an, was es bei YouTube über Chris Guillebeau zu finden gibt.

Ein paar abschließende Tipps für bessere Reden:

- Wenn dir das alles neu ist, lies ein Buch zu dem Thema. Als ich nach langer Zeit mal wieder auf die Bühne musste, las ich Dale Carnegies „Besser miteinander reden“, in dem es ums Reden vor Publikum geht. Diese Grundlagen ließen mich glauben, dass ich einen Vortrag bewältigen kann.
- Sprich nur über Themen, die dir wichtig sind und in denen du dich gut auskennst. Es wird dir so viel leichter fallen! Mir ist bewusst, dass du dir das Thema nicht immer aussuchen kannst. Doch wenn du ständig über Dinge redest, die dich wenig interessieren, solltest du über deinen Job nachdenken.
- Du stehst auf der Bühne, weil du den Zuhörern etwas vermitteln möchtest. Idealerweise etwas, das dir wichtig ist. Dieser Gedanke allein motiviert mich schon, trotz allen Widerwillens auf die Bühne zu gehen.
- Bereite dich gut vor! Vorbereitung ist für uns Introvertierte das wichtigste Mittel, um auf der Bühne zu überzeugen. Auch wenn es bei anderen so wirkt, als schüttelten sie alles aus dem Ärmel: Jeder gute Vortrag ist gut vorbereitet. Die Kunst ist, es nicht so aussehen zu lassen.
- Übe deinen Vortrag vor einem Spiegel. Du wirst dich anders wahrnehmen. Auch ein Freund kann hilfreich sein.
- Kämpfe nicht gegen deine Nervosität an, sondern akzeptiere sie. Aufgeregt zu sein gehört auch für routinierte Redner dazu. Nimm es als etwas an, das dich aufmerksam bleiben lässt.
- Sieh einen Vortrag nicht als Pflicht an, die du am liebsten abstoßen würdest. Verstehe ihn als eine Chance, über dich hinauszuwachsen. Beim nächsten Mal ist es schon leichter.

Wie viele Folien du zeigst oder was genau du sagst, das sind Details. Ein guter Vortrag steht und fällt mit der Vorbereitung und einer positiven Einstellung.
Damit habe ich es vor einigen Monaten selbst durch einen Vortrag geschafft. Ich hatte seit Jahren nicht mehr öffentlich gesprochen und sollte nun vor etwa 200 Leuten reden. Ich hätte absagen können, fühlte mich aber verantwortlich, einen Beitrag zu leisten. Ich sprach über die Veröffentlichung von digitalen Produkten und Büchern. Ein Thema, in dem ich mich wohl fühle. Zunächst schrieb ich alles auf, was ich zu dem Thema wusste. Diese Informationen waren nun besser strukturiert in meinem Kopf. Anschließend kürzte ich es auf ein Vortragsformat zusammen. Ich probte eine Woche lang jeden Tag in meinem Wohnzimmer; teilweise auch vor dem Spiegel. Ich wusste, dass Vorbereitung das Einzige war, das ich gegen die Nervosität tun konnte. Am Tag der Präsentation war ich vergleichsweise ruhig, da ich den Inhalt draufhatte. Ich atmete ein paar Mal kurz durch und brachte meine Leistung. Zwar war ich nicht der charismatischste Redner an diesem Tag, aber der mit den konkretesten Inhalten. Anschließend erhielt ich sehr gutes Feedback – und das Gefühl, meine eigenen Grenzen ein wenig erweitert zu haben. Die nächste Präsentation wird nun etwas leichter werden.

C. Präferenzen im Arbeitsleben

Unsere Rolle in Meetings

Kein Introvertierter erfreut sich an Gruppengesprächen. Leider kann man nicht immer selbst entscheiden, ob man an einem solchen Gespräch teilnimmt oder nicht. Berufliche Meetings sind meist verpflichtend, aber mit unseren drei großen Präferenzen kaum vereinbar. Sie verkörpern vielmehr das Gegenteil unserer Vorlieben:

- In Meetings können wir uns nicht der inneren Welt der Gedanken widmen, sondern müssen mit Menschen interagieren. Diese Interaktion ist sehr energieraubend, doch wer sich nach innen kehrt, nimmt in den Augen der anderen Teilnehmer nicht am Meeting teil.
- In einer Gruppe mit mehreren Menschen zu sitzen, die alle etwas zu sagen haben und im schlimmsten Fall noch durcheinanderreden, ist für uns sehr stimulierend. Versuchen wir, dem Gespräch zu folgen, ist es umso schwerer, unsere eigenen Gedanken zu formulieren.
- Gruppengespräche verlaufen häufig viel zu schnell und oberflächlich. Es bleibt keine Zeit, alles in Ruhe zu durchdenken. Wir würden uns gern stärker engagieren, doch unser Bedürfnis nach Tiefe wird in Meetings nicht erfüllt.

Als Mitarbeiter in einem Team empfand ich es damals als sehr schwer, in Meetings viele Informationen aufzunehmen und mir gleichzeitig eine eigene Meinung zu bilden. Eine Meinung ist für mich nichts, das mir spontan in den Kopf schießt. Sie will gut überlegt sein. Schließlich möchte ich nichts beitragen, das nicht fundiert ist. Als Mitarbeiter fühlte ich mich jedoch unter dem Druck stehend, etwas sagen zu müssen, anstatt mir die notwendige Zeit für eine gute Lösung zu nehmen. Bis ich zu

dieser Lösung gelange, hat sich der Schwerpunkt der Diskussion längst verlagert oder die Gruppe ist selbst auf eine Lösung gekommen. Leider sind die Problemlösungen in Meetings nicht immer die besten, daher denke ich heute, dass in Meetings überhaupt keine Entscheidungen getroffen werden sollten.
Häufig orientiert sich die Gruppe an demjenigen, der am meisten und am lautesten redet. Die Aufmerksamkeit richtet sich immer auf diese Person. Und obwohl es sein kann, dass die meisten Teilnehmer dieser Person nicht zustimmen, entscheiden sie trotzdem im Sinne des Lautsprechers. Schuld daran sind die Dynamik des Redners, von der man sich schwer lösen kann, und die fehlende Lust der Teilnehmer, sich ihm in den Weg zu stellen. Selbst wenn ein introvertierter Teilnehmer seine Gegenmeinung beisteuert, wird er sich meist schwertun, entschieden genug aufzutreten. Wir fahren ungern die Ellenbogen aus. So setzt sich im Zweifel eine schlechte Idee durch, die kaum jemand mag. Das ist gefährlich für das Unternehmen und unbefriedigend für das Team.

Unser bedeutender Beitrag

Meetings sind keine ideale Umgebung für uns, so viel steht fest. Doch das heißt nicht, dass wir in ihnen keine bedeutende Rolle spielen können. Aus meiner Sicht leisten wir ruhigen Teilnehmer einen wichtigen Beitrag – allerdings ist das nicht jeder Gruppe bewusst.
Als Introvertierte haben wir nicht das Bedürfnis, im Mittelpunkt der Aufmerksamkeit zu stehen. Wir kämpfen nicht unentwegt um Sendezeit, sondern sind damit zufrieden, aus dem Hintergrund zu wirken. Bestätigung holen wir uns nicht durch Ruhm und Statussymbole, sondern aus dem Erfolg unserer Taten. Denn letztendlich geht es um die Sache. Wenn alle anderen um Aufmerksamkeit buhlen, ist es sehr nützlich, wenn jemand aus dem Hintergrund mit kühlem Kopf beobachtet und den Verlauf des Gesprächs einschätzen kann.

Zu großen Gesprächsrunden trage ich meist wenig bei, zumindest wenige Worte. Den meisten Introvertierten geht es ähnlich. Wir sind im Verlauf von Diskussionen zwar vergleichsweise passiv, allerdings gute Beobachter. Das liegt in unserer Natur, denn als sensible Menschen nehmen wir unsere Umgebung intensiver wahr.
Während andere mit Reden beschäftigt sind, haben Introvertierte Zeit zu beobachten und zu analysieren. Wir bemerken subtile Dinge und Nuancen, die bei anderen Menschen unbewusst ablaufen. Wir erkennen Widersprüche und Wiederholungen. So merken wir schnell, wenn sich die Runde im Kreis dreht. Auch wenn ich eher unbeteiligt dabeisitze, weiß ich oft mehr über eine Diskussion als die eigentlichen Teilnehmer des Gesprächs. Da ich quantitativ nicht viel beitrage, kann ich mich auf die Sache konzentrieren, anstatt zu überlegen, was ich als Nächstes sagen will.
Laut Elaine Aron sind sensible Menschen daher oft die Ersten, die erkennen, was zu tun ist. Das sehe ich genauso. Jedenfalls erhalte ich oft das Feedback, aus vielen widersprüchlichen Informationen das Wesentliche herausfiltern und daraus Schlüsse ziehen zu können.
Ich sehe unsere Rolle darin, die Gruppe hin und wieder mit nur wenigen Worten auf den richtigen Weg zu bringen. Ich halte uns nicht für überlegen oder allwissend, sondern glaube, dass wir eine laut diskutierende Gruppe gut ergänzen. Letztendlich überzeugen wir durch Zuhören. Wir nehmen ihre Ideen auf und verarbeiten sie tief in uns zu einer eigenen Idee. Nicht immer gelangen wir so zur besten Lösung, doch wir erkennen ganz gut, wenn ein Lösungsvorschlag der Gruppe nicht so gut ist, wie er zunächst erscheint.

So machst du das Beste aus Meetings

Mit zwei Sätzen das Meeting zu steuern, das klingt nach einem introvertierten Traum. In der Realität ist es schwieriger, als es klingt. Aber schon mit wenigen Tipps kannst du das Beste aus jedem Meeting herausholen.

- Vorbereitung ist die Waffe der Introvertierten. Bereite dich auf jedes Meeting gut vor. Falls es keine Agenda gibt, dann fordere sie ein. Ein Meeting ohne Agenda ist Zeitverschwendung.
- Auch im Anschluss an das Meeting sollte es die Möglichkeit geben, sich mitzuteilen. Wir müssen unseren Beitrag nicht unbedingt in der Gruppendiskussion leisten, sondern können dies auch vorher oder hinterher tun. Wenn du im Anschluss an ein Meeting noch Ideen hast, dann teile sie der Gruppe oder dem Moderator per E-Mail oder im persönlichen Gespräch mit.
- Falls es im Meeting jemanden gibt, der das Gespräch dokumentiert, könntest du dich dafür freiwillig anbieten. Vermutlich machst du dir ohnehin mehr Notizen als alle anderen und fühlst dich sicherlich auch wohl in dieser Rolle. So kannst du zwischendurch hin und wieder das zusammenfassen, was die Gruppe diskutiert hat.
- Noch besser ist es, die Rolle des Moderators anzunehmen. Instinktiv wirst du das vielleicht nicht wollen, da es bedeutet, die Aufmerksamkeit der Gruppe auf dich zu ziehen. Doch moderieren können wir richtig gut. Moderatoren bereiten sich mit einer Agenda vor, geben der Diskussion eine Struktur, definieren Ziele, fassen Erkenntnisse zwischendurch zusammen und bringen die Gruppe zum Thema zurück, wenn sie abschweift. Der perfekte Job für Introvertierte. In dieser Rolle ist es auch wesentlich leichter, deine eigene Meinung kundzutun. Kommt die Gruppe zu einer guten Lösung, musst du nur noch zustimmen. Wenn nicht, kannst du mit deiner Autorität als Moderator einschreiten.

- Respektiere alle Teilnehmer des Meetings. Auch die Extrovertierten, deren Verlangen nach Aufmerksamkeit dich nervt. Es ist ihre Art sich an einer Diskussion zu beteiligen, und von ihren laut ausgesprochenen Gedanken profitierst auch du.
- Manchmal warten alle auf deine Meinung, vor allem, wenn du eine Führungskraft bist. Extrovertierte sind jedoch irritiert, wenn wir nichts sagen. Es wirkt auf sie, als säßen wir unbeteiligt daneben. In diesem Fall solltest du klar kommunizieren, dass du die Informationen verarbeitest und noch Zeit brauchst.
- Vertritt deine Meinung in der Gruppe, auch wenn sie unpopulär ist. Wenn du zum Ja-Sager wirst, bist du nur einer von vielen Teilnehmern – allerdings einer, der nichts gesagt hat. Nimm die Rolle desjenigen ein, der die Ideen der Gruppe kritisch hinterfragt oder eine eigene kreative Idee beisteuert.

Falls du Einfluss auf die Zusammensetzung der Gruppe hast, solltest du sie so klein wie möglich halten. An jedem Meeting sollten nur Menschen teilnehmen, die inhaltlich etwas beitragen können. Am besten ist eine Mischung aus extrovertierten und introvertierten Teilnehmern. Falls du der Moderator oder die Führungskraft bist, verträgt die Gruppe als Ausgleich ein paar mehr Extrovertierte.

C. Präferenzen im Arbeitsleben

Überschätzte Teamarbeit

In der modernen Arbeitswelt werden Teamarbeit, Meetings und Brainstormings hoch bewertet. Bewerber behaupten schon reflexartig von sich, dass sie in jedem Fall teamfähig seien, im Büro sitzen 20 Mitarbeiter auf einem Haufen, und einmal in der Woche gibt es ein Team-Event. Das habe ich selbst mitgemacht. Als Bewerber, als Mitarbeiter, als Chef. Erst später beschäftigte ich mich mit Introversion und erkannte, dass es vollkommen in Ordnung ist, diesen Hype nicht uneingeschränkt zu unterstützen. Für einige Mitarbeiter mag Teamwork die perfekte Lösung sein, doch nicht für alle. Und nicht jedes Problem lässt sich im Team lösen. Manche Aufgaben können nur allein bewältigt werden – und wir Introvertierte eignen uns bestens dafür.
Wir arbeiten ohnehin nicht gern in Gruppen. Zu viele Menschen um uns herum, die alle reden und mitreden wollen – das stimuliert uns zu sehr. Unter Beobachtung und bei Ablenkung können wir nicht gut arbeiten. Ablenkungen sind der größte Produktivitätskiller überhaupt. Unsere Stärken können wir nur ausspielen, wenn wir uns abschotten und nicht unter Beobachtung stehen. Wir brauchen die Phasen der tiefen Konzentration.

„Aber was ist denn mit der Kreativität?“, höre ich die Anhänger des Teamworks fragen. Können wir nicht nur dann kreativ sein, wenn wir unsere Ideen miteinander diskutieren? Gibt es die besten Ideen denn nicht beim Brainstorming? Nein, denn Brainstorming funktioniert nicht. Und je größer die Gruppe ist, desto unproduktiver ist das Brainstorming. Das ist seit Jahrzehnten bekannt, doch die Idee des gemeinsamen Nachdenkens wirkt auf die meisten Menschen intuitiv so sinnvoll, dass sie sich in unserem Arbeitsalltag manifestiert hat.

Doch in Gruppen entstehen weniger Ideen, als wenn jeder einzeln nachdenken würde. Und die Ideen sind schlechter, weil sich niemand traut, wirklich unkonventionell zu denken. Jeder verlässt sich auf den anderen. Introvertierte teilen ihre Ideen im Zweifel gar nicht erst mit, weil die Extrovertierten so viel reden. Außerdem werden Ideen in Gruppen anders bewertet. Wenn ein Gruppensprecher eine Idee favorisiert, finden alle anderen sie automatisch auch besser. Niemandem ist das bewusst. Es passiert einfach. Wir lassen uns davon beeinflussen, was andere Menschen um uns herum mögen.

Kreativität kann es in Gruppen geben, aber eben auch bei der Alleinarbeit. Und was ist überhaupt Kreativität? Lange Zeit dachte ich, überhaupt nicht kreativ zu sein. Ich trage keine bunten Klamotten, hüpfe nicht befreit durch die Gegend, plane keine angesagten Partys und bin wenig spontan. Das hat alles natürlich nichts mit Kreativität zu tun, allerdings wusste ich das nicht. Kreativ zu sein bedeutet vielmehr, etwas zu erschaffen, das es bis dahin noch nicht gab. Im richtigen Umfeld können Introvertierte das sehr gut. In ihrem Gebiet finden sie kreative Lösungen, auf die ein Team niemals kommen würde. Apple-Gründer Steve Wozniak behauptet sogar, dass noch nie etwas Revolutionäres in einem Meeting beschlossen wurde. Das iPhone wurde jedenfalls nicht in einer Gruppendiskussion erfunden. Ideen kommen Menschen, wenn sie allein sind oder in einem Gespräch unter vier Augen philosophieren. Und auch die Verfeinerung von Ideen erfolgt allein.

Ich möchte Teams nicht abschaffen. Ich möchte sie nur für das nutzen, wofür sie geeignet sind. Teams können inspirieren. Möchte ich ein Problem lösen, brauche ich zunächst einen Beitrag von außen. Den kann ich mir einerseits in Büchern anlesen. Aber die Ideen aus meinem unmittelbaren Umfeld sind häufig noch nützlicher. Für kreative Introvertierte ist es aus meiner Sicht das Beste, sich vorübergehend in Teams aufzuhalten, um neue Gedanken aufzunehmen, und sich dann zurückzuziehen, um das Problem in Ruhe zu lösen.

Allein ist man nicht nur kreativer, sondern auch konzentrierter. Als ich noch in einem Büro arbeitete, ging ich nach Hause, wenn ich eine Aufgabe unbedingt erledigen musste. Im Büro konnte ich das nicht garantieren. Dort kann alles passieren. Es gibt Kollegen, die Hilfe benötigen oder einfach mal plaudern wollen. Das Telefon klingelt, irgendjemand kommt unerwartet zu Besuch. Es ist selten wirklich ruhig. Da frage ich mich, ob der moderne Arbeitsalltag – vor allem im Großraumbüro – überhaupt dafür konzipiert ist, produktiv zu arbeiten.
Wir brauchen die Ruhe zur Konzentration. Zum einen wollen wir die Stimulation in unserem Umfeld einschränken. Zum anderen mögen wir Aufgaben, die besondere Konzentration erfordern. Wir mögen Analysen, Auswertungen, Planungen, Strategie. Wir vertiefen uns in Recherchen, wir suchen Problemlösungen oder wir schreiben ein Buch. All diese Dinge erfordern Konzentration. Jedes Mal, wenn uns jemand aus der Arbeit herausreißt, brauchen wir wieder eine Anlaufzeit, um dorthin zu kommen, wo wir bereits waren, bevor wir gestört wurden.
Und noch ein Argument spricht dafür, mehr allein zu arbeiten: Wer allein an etwas arbeitet, vollzieht die größten Leistungssteigerungen. Das gilt insbesondere für kreative Leistungen. Wir können nur außergewöhnlich gut in etwas werden, wenn wir sehr viel Zeit darauf verwenden, und zwar allein! Gemeinsames Üben ist weniger produktiv. Andere Menschen lenken nur von der Übung ab. Für Leistungssprünge benötigt man Motivation und Konzentration, aber keinen Kaffeeklatsch. Das gilt für alle Menschen. Wir Introvertierte haben bereits die passende Vorliebe. Wir müssen nur noch nach ihr leben, um etwas zu erreichen.

Was machen wir nun aus diesen Erkenntnissen? Ich für meinen Teil arbeite selbstständig und kann selbst entscheiden, wie viel Zeit ich allein verbringe und wann ich mich durch andere Menschen inspirieren lasse. In einem festen Job mag das weniger gut funktionieren. Doch wie immer ist die Erkenntnis der erste Schritt zur Besserung. Ich bin davon überzeugt, dass wir einen großen Teil unserer Arbeitszeit allein arbeiten sollten, und wenn du es auch bist, solltest du alles dafür tun, dir diese Freiräume zu schaffen. Rede mit deinen Kollegen und Vorgesetzten und sensibilisiere sie dafür, dass du Rückzugsmöglichkeiten und ungestörte Phasen brauchst, um produktiver arbeiten zu können. Kaum ein Vorgesetzter hat etwas gegen eine höhere Produktivität einzuwenden. Beginne mit kleinen Schritten. Ziehe dich für einige (wichtige) Aufgaben in einen separaten Raum zurück oder bitte um die Möglichkeit, einen Tag in der Woche zu Hause zu arbeiten. Wenn der Anfang gemacht ist und du nachweisen kannst, produktiver zu sein, kannst du langsam deine Ansprüche steigern.

Introvertierte Führungskräfte

Die Wahrscheinlichkeit, in einer Führungsposition zu landen, ist für Extrovertierte höher als für Introvertierte. Das mag zum einen daran liegen, dass Introvertierte zurückhaltender sind. Vor allem aber liegt es an den Erwartungen, die an eine Führungskraft gestellt werden. Die allgemeine Vorstellung von einem Anführer enthält Beschreibungen wie dominant, enthusiastisch, aktiv, mitreißend oder extrovertiert. Eine Führungskraft ist demnach jemand, der allen sofort zeigt: Hier geht's lang. Einer, der auch mal die Ellenbogen ausfährt und sich für Karrierespiele nicht zu schade ist. Jemand mit diesen Eigenschaften wird als Führungspersönlichkeit wahrgenommen – ganz unabhängig davon, ob diese Eigenschaften wirklich zu den besten Ergebnissen führen.

Dabei gibt es keinerlei Hinweise darauf, dass Extrovertierte in Führungsrollen tatsächlich bessere Leistungen erbringen. Bei den ganz großen Erfolgsgeschichten gibt es keinerlei Korrelation zwischen Erfolg und den Persönlichkeitsmerkmalen Introversion und Extroversion. In seinem Buch „Der Weg zu den Besten“ beschreibt Jim Collins den Unterschied zwischen guten und außergewöhnlich erfolgreichen Unternehmen. Eines der sieben Erfolgsmerkmale ist das Führungsverhalten. Die besten Führungskräfte nennt er „Level 5 Leader“ – sie erreichen das höchste Niveau an Führungsfähigkeiten. Unter ihnen befinden sich die verschiedensten Typen – Introvertierte und Extrovertierte. Diese Anführer der erfolgreichsten Unternehmen haben nur zwei Dinge gemeinsam: Sie sind bescheiden und engagiert. Schon Jahre bevor ich mich erstmals mit Introversion beschäftigte, gab mir diese Erkenntnis Mut. Ich wusste, dass ich eine gute Führungskraft sein kann, ohne der klassischen Vorstellung eines Anführers zu entsprechen.

In kleineren Teams gibt es jedoch nachweisbare Unterschiede zwischen extrovertierten und introvertierten Führungskräften. Allerdings sind auch hier nicht die einen pauschal besser als die anderen. Entscheidend ist vielmehr die Zusammensetzung des Teams. Extrovertierte Führungskräfte liefern die besseren Ergebnisse, wenn sie mit passiven Teams arbeiten. Sie können in ihrer Rolle richtig aufblühen, wenn ihre Mitarbeiter einfach folgen, ohne sich stark zu engagieren. Das Team selbst fühlt sich bei einem extrovertierten Anführer gut aufgehoben, weil ihnen jemand sagt, wo es langgeht. Auf der anderen Seite fühlen sich Extrovertierte durch aktive Mitarbeiter in ihrer Rolle als Führungskraft bedroht und gehen wenig auf deren Ideen ein, was schnell zu Unzufriedenheit führt.

Introvertierte hingegen sind besser darin, proaktive Teams zu führen. Sie hören genauer zu und gehen auf die Vorschläge ihrer Mitarbeiter ein. Sie sind selbst so zurückhaltend, dass sie ihrem Team den notwendigen Raum zur Entfaltung geben. Über Ideen denken sie ausgiebig nach, was den Mitarbeitern signalisiert, dass sie ernst genommen werden. Der gleiche Führungsstil ist jedoch weniger erfolgreich bei passiven Teams. Introvertierten Führungskräften liegt es weniger, solche Mitarbeiter ständig mitzuziehen. Ich hatte damals glücklicherweise ein sehr aktives Team, das selbst Ideen hatte und darauf brannte, diese umzusetzen. Meine eigene Erfahrung unterstützt die Erkenntnis, dass introvertierte Chefs und aktive Teams gut harmonieren.

Tipps für introvertierte Führungskräfte

Auch wenn das für mich gut funktionierte, so kam es nicht von allein. Zu führen heißt, mit Menschen zu kommunizieren, was mir durch meine Präferenz für das Innere nicht auf natürlichem Wege mitgegeben wurde. Besonders schwierig ist es, mit Menschen umzugehen, die ganz anders ticken als ich, und auch deren Wünsche zu berücksichtigen. Einiges habe ich mir angelesen, anderes durch meine extrovertierte Geschäftspartnerin angenommen und vieles durch Versuch und Irrtum herausgefunden. Führungskräften und allen, die es werden wollen, möchte ich ein paar Tipps mitgeben:

- Bestimme jemanden, der sich um das Menschliche kümmert. Selbst wenn ich mich noch so sehr bemühe, ist es für die extrovertierten Kollegen vermutlich immer noch zu wenig. Suche dir also einen Extrovertierten im Team, der sich gerne um den Teamzusammenhalt kümmert und für Spaß im Büro sorgt. An den Aktivitäten solltest du teilnehmen, musst aber auch nicht als Letzter nach Hause gehen.
- Gönne deinen Mitarbeitern das Scheinwerferlicht. Auch wenn wir selbst nicht im Mittelpunkt stehen wollen, so ist es für andere doch sehr wichtig, hin und wieder vor allen öffentlich gelobt zu werden. Das kann auch bedeuten, seinen Mitarbeitern eine wohlverdiente Dankesrede zu halten, wenn sie das Team verlassen.
- Lass die Extrovertierten extrovertiert sein. Sie sollen sich austauschen, telefonieren oder Meetings abhalten, selbst wenn du sie für wenig effizient hältst (Meetings lassen sich ja optimieren). Lass sie das machen, worin sie gut sind.
- Auch als introvertierte Führungskraft musst du ein gewisses Maß an Aktivität zeigen und mit gutem Beispiel vorangehen. Nimm deine Führungsrolle wirklich an. Wenn du es nicht machst, macht es niemand.
- Achte auf eine gute Zusammensetzung des Teams. Hinsichtlich Intro- und Extroversion braucht jedes Team eine Balance, was jedoch keine Fünfzig-Fünfzig-Aufteilung bedeuten muss. Etwa 20 Prozent unserer Gesellschaft sind deutlich introvertiert. Das ist auch ein guter Anteil für dein Team.

- Vergiss nicht zu lächeln. Unser Standardgesichtsausdruck ist eher starr. Es gefällt mir zwar selbst nicht, wenn man mich darauf hinweist. Doch dass dieser Hinweis überhaupt kommt, bedeutet, dass sich Menschen mehr Lächeln wünschen. Sie wollen mehr Menschlichkeit und damit die Erlaubnis, selbst auftauen zu dürfen.

- Kommuniziere deine Erwartungen und auch Lob offen und regelmäßig. Dafür musst du dir ein Bewusstsein schaffen. Wenn du es nicht bewusst machst, kommen diese Dinge vermutlich zu kurz. Wir neigen dazu, unsere Gedanken für uns zu behalten, doch das ist für Mitarbeiter irritierend. Sie versuchen, unsere Andeutungen zu interpretieren. Wenn wir ihnen nichts geben, macht sie das wahnsinnig. Ich denke, dass ich aus diesem Grund für neue Mitarbeiter ein unangenehmer Chef war. Anfangs sind ihnen extrovertierte Vorgesetzte lieber, die sie sofort mit in ihre Welt nehmen. Doch auch als Introvertierter kann man daran arbeiten. Eine Zeit lang habe ich mir vorgenommen, immer wieder ein Lob auszusprechen und mit neuen Kollegen auch mal Small Talk zu betreiben. Irgendwann wurde es zur Gewohnheit.

- Introvertierte Mitarbeiter brauchen weniger Feedback, aber sie kommunizieren auch selbst wenig. Daher ist es sinnvoll, von ihnen häufiger eine Meinung einzuholen. Extrovertierte lassen dich schnell wissen, wenn sie unzufrieden sind. Introvertierte behalten es eher für sich, reflektieren ausgiebig und suchen sich im Zweifel eine neue Herausforderung. Fast jeder überraschende Abgang aus unserem Unternehmen war der von eher stillen Mitarbeitern. Auch ich selbst habe mich eines Tages für alle überraschend verabschiedet.

- Nimm dir die Zeit zum Nachdenken und Entscheiden. Selbst wenn du glaubst, sie nicht zu haben. Unsere Stärke ist die tiefe Reflexion. Nehmen wir uns dafür keine Zeit, geht diese Stärke verloren. Ich habe dafür überwiegend lange Urlaube, Feiertage und Wochenenden verwendet.

- Stelle sicher, dass du Entscheidungen triffst. Wir neigen dazu, sie hinauszuschieben, um noch mehr Informationen zu sammeln, die wir gegeneinander abwägen können. Im Geschäft kann das gefährlich sein. Häufig warten Mitarbeiter auf eine Entscheidung, um weiterarbeiten zu können; dann bist du der Engpass. Ich habe mir daher angewöhnt, kleine Entscheidungen auch dann zu treffen, wenn noch wenige Informationen vorliegen. Mit der Zeit konnte ich zunehmend auf Erfahrungswerte und mein Bauchgefühl vertrauen.

Vermeide große Meetings, sondern kommuniziere mit deinen Mitarbeitern im Vier-Augen-Gespräch. Am besten eignet sich dafür ein Jour fixe – also ein fester Termin, der jede Woche stattfindet. So wird es dir leichter fallen, eine persönliche Bindung aufzubauen. Noch besser als Termine im Büro sind Gelegenheiten zum Gespräch in informeller Atmosphäre, z. B. auf Zugfahrten oder beim gemeinsamen Mittagessen.

C. Präferenzen im Arbeitsleben

Introvertiert und selbstständig

Bevor ich das Kapitel rund um den Arbeitsplatz abschließe, möchte ich mich noch einer Herzensangelegenheit widmen. Diese nennt sich Selbstständigkeit. Für mein persönliches Glück ist sie essenziell.

Ich begann meine Karriere in einem Konzern und wusste sehr bald, dass ich in ein kleineres Unternehmen wechseln müsste, um zufriedener zu sein. Auf der einen Seite war der Job im Konzern ideal geeignet für Introvertierte, denn es gab kleine Büros, die ich mir mit nur einem Kollegen teilen musste. Auf der anderen Seite hatte ich ein viel zu großes Bedürfnis nach mehr Unabhängigkeit als dass ich dort hätte auf Dauer bleiben können. Die starren Strukturen eines großen Unternehmens vermitteln zwar ein Gefühl von Sicherheit, denn ich weiß, was ich zu erwarten habe. Allerdings entsprach das nicht meiner Vorstellung eines selbstbestimmten Leben.

Später wechselte ich in ein Internet-Start-up. Von den kleinen Büros musste ich mich verabschieden. Anstatt zwei Mitarbeitern saßen nun 20 Kollegen in einem Raum. Das war eine Verschlechterung (die Bezahlung übrigens auch), die jedoch durch die Freiheiten in der Arbeit mehr als aufgewogen wurde. Mein Job war der eines Introvertierten: Ich saß überwiegend am Computer und hatte Zahlen vor mir. Wenn ich meine Hebel in Bewegung setzte, konnte ich diese Zahlen beeinflussen. Im Ergebnis verkaufte das Unternehmen dadurch mehr Produkte. Das nennt sich Online-Marketing.

In diesem innovativen Umfeld begann ich schon nach wenigen Wochen, mich nebenberuflich selbstständig zu machen. Ich probierte viel aus, indem ich Blogs aufsetzte und Websites erstellte. Das machte ich am späten Abend und am Wochenende in meinem stillen Kämmerlein. In dieser Zeit entwickelte ich meine große Offenheit gegenüber der Selbstständigkeit.

Später gründete ich eine Online-Marketing-Agentur, die nach ein paar Jahren mehr als 20 Mitarbeiter beschäftigte. Aus dieser stieg ich irgendwann aus, um auf eine Weltreise zu gehen. In dieser Zeit wurde ich zum Blogger und Buchautor. Von diesen Tätigkeiten lebe ich heute.

Ich teile diese Geschichte mit dir, weil sie nicht wie die typische Geschichte eines Introvertierten klingt. Aber diese **typische** Geschichte gibt es nicht. Wir Introvertierte haben die gleichen Möglichkeiten, ein selbstbestimmtes Leben zu führen, wie jeder andere auch. Ich bin davon überzeugt, dass ich nur wirklich zufrieden sein kann, wenn ich mein Leben selbst in die Hand nehme. Solange Menschen mir von außen etwas aufdrücken, das nicht meinen Präferenzen entspricht, ist es immer ein Kampf.
Das muss nicht zwangsweise auf eine Selbstständigkeit hinauslaufen. Wenn du zufrieden in deinem festen Job bist, beglückwünsche ich dich dazu ganz herzlich. Dann kannst du die nächsten Absätze überspringen. In diesem Abschnitt möchte ich eine Lanze für Selbstständigkeit brechen und dir zeigen, dass Introvertierte dafür bestens geeignet sind. Ich schreibe bewusst nicht, was gegen eine Selbstständigkeit spricht. Da wird dir schon genug einfallen.

Warum uns selbstständige Arbeit guttut

Du weißt ja bereits, dass unser Arbeitsumfeld einem extrovertierten Ideal entspricht. Wir sollen netzwerken, mehrere Aufgaben gleichzeitig erledigen, Reden halten, Meetings überstehen und am besten alles im Team lösen. In der Selbstständigkeit hast du die Gelegenheit, dir ein introvertiertes Ideal zu schaffen. Du bestimmst, wann und wo du arbeitest, wie viel Stimulation du zulässt oder mit welchen Menschen du zusammenarbeitest. In diesem Umfeld kannst du produktiv sein und so arbeiten, wie du es am besten kannst:

hochkonzentriert in ein Thema vertieft. Meetings gibt es nur, wenn wirklich ein Bedarf besteht, es gibt keine Team-Events, und Vorträge musst du nur halten, wenn du tief im Stoff stehst und dein eigenes Unternehmen davon profitiert. Ich lebe dieses Ideal in meiner Arbeit und genieße es sehr.

Diese Stärken bringen wir mit

Wir alle haben unsere individuellen Stärken, von denen die meisten nichts mit Introversion zu tun haben. Du bringst deine mit und ich meine. Aber auch unsere gemeinsamen Fähigkeiten als Introvertierte können wir in eine Selbstständigkeit einbringen. So arbeiten wir beispielsweise gern allein. Wir haben eine echte Präferenz dafür und können gut auf die Ineffizienzen in Teams verzichten. Allein kommen unsere hohe Konzentrationsfähigkeit und die Ausdauer zum Tragen. Wir bleiben so lange an einem Problem dran, bis es gelöst ist.
Kunden schätzen unsere Gewissenhaftigkeit, Zuverlässigkeit und Treue. Daher bleiben sie länger bei uns und empfehlen uns weiter. Je mehr Kunden wir halten und je häufiger wir empfohlen werden, desto weniger Kunden müssen wir selbst akquirieren.
Auch unsere Vorsicht und Bescheidenheit sind in der Selbstständigkeit Vorteile. Wir gehen weniger Risiken ein. Das kann zwar bedeuten, dass wir nicht den ganz großen Wurf schaffen – wobei es Beispiele gibt, die das widerlegen (denken wir mal an Microsoft) –, aber dafür gehen wir weniger häufig baden.

Ein paar Tipps für die Selbstständigkeit

- Wenn du mit dem Gedanken der Selbstständigkeit spielst, starte doch erst einmal nebenberuflich. So habe ich es gemacht. An den Abenden und an Wochenenden. Ich brauche eine gewisse Sicherheit und die habe ich mir nebenher aufgebaut. Erst dann konnte ich kündigen.

- Nicht jeder Beruf eignet sich zur Selbstständigkeit. Ich bevorzuge Jobs, die sich online abspielen: Webdesign, Bloggen, Bücher schreiben, Online-Marketing, IT. Außerdem sind wir gute Berater und Lehrer. Darüber hinaus gibt es zahlreiche freie Berufe, für die man häufig eine Qualifikation benötigt. Allerdings ist die Qualifikation in der Selbstständigkeit nicht ausschlaggebend. Jedenfalls weniger als im Job, wo jeder Arbeitgeber alle denkbaren Zeugnisse sehen möchte. Deine Kunden interessiert nur der Wert, den du ihnen bietest.
- Die Kundenakquise ist nicht schön, das gebe ich zu. In unserer Agentur hatten wir damals einen Partner an Bord geholt, der einige Kunden mitbrachte. Diese empfohlen uns bald weiter, sodass wir nie Kaltakquise betreiben mussten. Heute ist ohnehin viel Akquise über das Internet möglich: Wir können über Business-Netzwerke Kontakte aufbauen, uns in Blogs oder Fachmagazinen als Experte etablieren oder effiziente Werbung in Suchmaschinen schalten.
- Es kann sinnvoll sein, das Unternehmen mit einem gleichberechtigten Geschäftspartner zu starten. Im Idealfall unterscheidet ihr euch in euren Eigenschaften, sodass ihr eure Präferenzen ein wenig ausgleicht.
- Definiere für dich, was Erfolg bedeutet. Viele Menschen scheuen sich vor der Selbstständigkeit, weil sie die eigenen Erwartungen unnötig hochschrauben und dann Angst vor der eigenen Courage bekommen. Wie viel Geld musst du eigentlich verdienen, um vernünftig leben zu können? Und ist Geld überhaupt alles? Wie viel ist dir ein selbstbestimmtes Leben wert? Auch das ist Erfolg.

Selbstverständlich kannst du ebenso in deinem Job bleiben. Ich habe nichts gegen Jobs. Ich habe nur etwas dagegen, wenn Menschen ihr Leben nicht so leben, wie sie es wollen – obwohl sie es könnten. Darum gibt es dieses Buch.

3. Liebe den Introvertierten in dir

Ich habe lange hin und her überlegt, ob ich dieses Kapitel der Selbstliebe widmen soll oder dem Weg zum Glück. Ist es wichtiger, dass du dich selbst liebst oder dass du glücklich wirst? Als ich meine Gedanken aufschrieb und sortierte, wurde die Antwort eindeutig: Sich selbst zu lieben und glücklich zu sein ist überhaupt nicht voneinander zu trennen. Das größte Glück besteht darin, der sein zu **wollen**, der man ist. Wie sollte jemand glücklich sein können, wenn er mit sich selbst nicht im Reinen ist? Unmöglich!

Ich möchte dir hier Wege aufzeigen, die mir in den letzten Jahren geholfen haben, mich selbst anzunehmen. Als ich begann, mich mit Introversion zu beschäftigen, erleichterte mich vor allem der Gedanke, dass sie sich nicht verändern lässt. Unsere Präferenzen bleiben im Verlauf unseres Lebens weitgehend konstant. Das nahm mir den Druck, mich an die Erwartungen von außen anpassen zu müssen. Meine Schuldgefühle ließen nach. Ich suchte nach Möglichkeiten, meinen Herausforderungen als Introvertierter aus dem Weg zu gehen. Das war prinzipiell möglich, da ich nun wusste, was mir liegt und in welchen Situationen ich nicht gut funktioniere. Für den Anfang war ich damit ganz zufrieden. Doch glücklich machte mich das noch nicht.

Bald musste ich erkennen, dass mehr dazu gehört, glücklich zu sein. Was genau das ist, mag für jeden unterschiedlich sein. Es gibt unzählige Definitionen von Glück und so viele schlaue Zitate, dass sie ein ganzes Buch füllen könnten. Mit der Zeit entwickelte ich meine eigene Theorie über das Glück. Sie orientiert sich an einer Beschreibung der Autoren Joshua Fields Millburn und Ryan Nicodemus in ihrem Buch „Minimalism: Live a Meaningful Life“. Als ich sie vor Jahren entdeckte, schrieb ich sie zunächst auf und stolperte im Verlauf der Zeit immer wieder darüber. Jedes Mal konnte ich mit noch etwas mehr Überzeugung sagen: „Ja, das ist wahr.“ Ich machte weitgehend die gleichen Erfahrungen. Für meine eigene Beschreibung eines glücklichen Lebens ergänzte ich lediglich einen weiteren Aspekt. Herausgekommen sind die aus meiner Sicht fünf Grundlagen eines glücklichen Lebens:

1. **Selbstwertgefühl:** Ein gutes Selbstwertgefühl bedeutet, zu verstehen, dass wir fähig sind, ein glückliches Leben zu führen, und dies auch wert sind. Es bedeutet, uns selbst zu lieben. Wenn wir uns einreden (lassen), es nicht wert zu sein, glücklich zu leben, so wird es nie möglich sein. Für ein gutes Selbstwertgefühl müssen wir uns mit allen unseren Eigenschaften akzeptieren, ehrlich zu uns selbst und anderen Menschen sein und Verantwortung für unser Leben übernehmen.
2. **Gesunder Lifestyle:** Gesundheit ist die Basis für Glück. Wir müssen sie uns durch einen gesunden Lifestyle erarbeiten, auch in jungen Jahren. Darunter verstehe ich eine gute Ernährung, ausreichend Bewegung, emotionales Wohlbefinden und auch Wachstum für unseren Geist. Nur wenn du dir in diesen vier Bereichen regelmäßig etwas Gutes tust, wirst du zufrieden sein können.
3. **Leidenschaften:** Wie traurig wäre ein Leben ohne Leidenschaften? Wenn es nichts gibt, auf das wir uns morgen oder in der kommenden Woche freuen können? Wer tiefe Interessen verfolgt – auch wenn es nur eines ist – lebt glücklicher. Das können Hobbys sein oder auch unser Beruf, wenn wir ihn gern ausüben und uns freuen, an einer Aufgabe arbeiten zu dürfen. Wenn du noch keine Leidenschaften hast, kannst du sie finden. Ich zeige dir wie.
4. **Beitrag:** Echte Glücksgefühle entstehen, wenn wir einen Beitrag für die Gemeinschaft leisten. Etwas, das größer ist als wir selbst und das nach uns bleibt. Dieser Wunsch ist in uns Menschen tief verankert. Für viele Menschen drückt er sich in Form von Kindern aus. Doch man kann auch auf anderen Wegen einen Beitrag leisten, der uns glücklich macht.

5. **Beziehungen:** Soziale Beziehungen sind eine große Quelle des Glücks. Sollten wir Introvertierte tatsächlich weniger glücklich sein als Extrovertierte – das ist ja eines der Vorurteile – dann dürfte es daran liegen, dass wir weniger Beziehungen aufbauen. Wie wir Freundschaften entwickeln und unsere Beziehungen vertiefen können, hast du bereits in einem der vorangegangenen Kapitel erfahren. Daher ist dies die einzige Grundlage des Glücks, auf die ich in den nächsten Kapiteln nicht mehr eingehen werde.

Am glücklichsten bin ich, wenn ich diese fünf Dimensionen in Einklang bringe. Wenn ich mich selbst für wertvoll halte, gesund lebe, viel Zeit in meine Leidenschaften investiere, damit einen Beitrag für das Gemeinwohl leiste – und das am besten noch zusammen mit Menschen, die ich mag. Heute bin ich all diesen Dingen sehr nah, bin so zufrieden wie noch nie in meinem Leben und vor allem auch mit mir selbst. Ich mag mich heute mehr als noch vor einigen Monaten oder gar Jahren. Das heißt nicht, dass ich mich jederzeit aus vollem Herzen liebe und mit Blumen im Haar über grüne Wiesen hüpfe. Ganz so schön ist es nicht. Doch diesen Anspruch können wir nicht ernsthaft stellen. In dem Kapitel über die Vorurteile habe ich dir aufgezeigt, warum es das permanente Glück nicht gibt. Es kommt und es geht wieder, da wir stets nach etwas Besserem streben. Doch das heißt nicht, dass wir nichts dafür tun können, häufiger glücklich zu sein.

In diesem Kapitel zeige ich dir einen Weg dorthin. Es ist nur einer, nämlich meiner. Es mag andere Wege geben, doch über die weiß ich nichts. Mein Weg basiert auf Erkenntnissen, die ich mir in den letzten Jahren angeeignet und selbst ausprobiert habe. Es geht um Selbstakzeptanz, Offenheit, Eigenverantwortung, Wachstum, Leidenschaften und um deine Gesundheit. Lass uns einfach loslegen.

Akzeptiere dich selbst (wirklich)

In extrovertierten Gesellschaften lernen Introvertierte früh, dass sie nicht dem bevorzugten Ideal entsprechen. Selbst gut gemeinte Bemerkungen wie „Du bist ja so ruhig“, „Du musst dich besser verkaufen“ oder „Du musst mal mehr aus dir herauskommen“ nagen an unserem Selbstwertgefühl. Sie alle bedeuten: So wie du bist, ist es nicht in Ordnung.
Daher wünschen sich viele Introvertierte, extrovertiert zu sein. Sie glauben an das extrovertierte Ideal. Die Folge sind Scham- und Schuldgefühle. Hier ist ein Auszug an Schuldgefühlen, die mich lange Zeit plagten:

- Ich habe beim Reisen nicht genug Menschen kennengelernt.
- Ich habe zu viel Zeit im Hotelzimmer verbracht.
- Ich habe auf der Party nicht genug Spaß gehabt.
- Ich bin zu früh nach Hause gegangen.
- Ich habe nicht genügend Visitenkarten eingesammelt.
- Ich habe mich im Meeting zu wenig eingebracht.
- Ich habe in der Gruppe zu wenig erzählt.
- Ich bin am Freitagabend wieder zu Hause geblieben.
- Ich habe zu wenige Freunde.

In all diesen Situationen bekam ich ein schlechtes Gewissen. Im Grunde hätte ich pausenlos mit Schuldgefühlen beladen durch das Leben laufen können. Vielleicht weißt du, wovon ich rede. Doch das darf nicht sein! Schuldgefühle sind so ungefähr das Gegenteil von Glücksgefühlen. Sie sind äußerst destruktiv. Schuld ist neben Sorge das nutzloseste Gefühl, das es gibt. Es bezieht sich auf Handlungen in der Vergangenheit. Sie sind längst vorüber und nicht mehr zu ändern. Sobald wir aus unserem Verhalten etwas gelernt haben, macht kein einziger Moment der Schuld irgendetwas besser. Sie ist reine Energieverschwendung und verursacht lediglich Stress. Trotzdem fühlte ich mich immer wieder so, wenn ich mit meinem Verhalten unzufrieden war – obwohl ich meinte, gelernt zu haben und es beim nächsten Mal besser zu machen. Doch auch das nächste Mal verlief so wie das letzte Mal, denn mein Verhalten war unmittelbar auf meine Präferenzen zurückzuführen. Schuldgefühle führten nicht zum Lerneffekt.

Lass uns einen Schritt zurückgehen, um zu verstehen, wie Schuldgefühle überhaupt entstehen. Sie haben zwei verschiedene Ursachen. Einerseits entstehen Schuldgefühle, wenn ich gegen meine eigenen Werte handle. Wenn ich mich für einen ehrlichen Menschen halte, aber meine Mitmenschen belüge, dann führt das zu Schuldgefühlen. Und zwar zu Recht. Da ich meine Werte verrate, hat das Schuldgefühl eine Korrekturfunktion. In diesem Fall erkenne ich meine Schuld, und der einzige Weg, mich wieder besser zu fühlen, ist mir selbst zu vergeben, mich beim nächsten Mal bewusst besser zu verhalten und – falls ich anderen Menschen Unrecht getan habe – um Entschuldigung zu bitten.

Doch bei den oben genannten Beispielen hatte ich meine Werte nicht verraten und war trotzdem mit Schuldgefühlen beladen. In diesem Fall hatte ich die Erwartungen einer extrovertierten Gesellschaft nicht erfüllt. Ich hatte sie zu meinen eigenen gemacht, ohne mir bewusst zu sein, dass es die Erwartungen anderer waren. Die Schuldgefühle waren daher nur ein Ausdruck der Angst, dass andere Menschen schlecht von mir denken könnten. Um glücklich zu werden, musste ich mich davon emanzipieren. Mich über Introversion zu informieren half mir dabei ungemein. So wurde mir bewusst, dass es die Erwartungen der Mehrheit waren, die ich mir selbst aufgebürdet hatte. Zu einer Gesellschaft dazugehören zu wollen ist verständlich. Aber die Zugehörigkeit mit mehr Schuldgefühlen und einem geringeren Selbstwertgefühl zu erkaufen ist der falsche Weg. Er führt zu wahrer Einsamkeit. Man ist sowohl von seinem Umfeld entkoppelt als auch von sich selbst – denn beiden macht man etwas vor.

Die Erlösung aus den Schuldgefühlen ist reine Kopfsache. Gefühle kommen von Gedanken. Wenn du dir selbst erlaubst, dich nur an deinen eigenen Erwartungen und Werten zu orientieren, so folgen auch die positiven Gefühle. Das ist schwer, denn es erfordert ein Umdenken. Leichter – aber auch schmerzvoller – wäre es, weiter in Schuldgefühlen zu versinken. Du kannst selbst entscheiden, wie du eine Situation bewertest. Niemand sonst wird es für dich übernehmen. Heute verbiete ich mir – so oft es mir gelingt –, mich wegen Dingen schuldig zu fühlen, die ich nicht beeinflussen kann. Die Erwartungen anderer kann ich nicht beeinflussen, denn es sind die Erwartungen anderer.

Selbstwertgefühl statt Schuldgefühl

Die Erwartungen anderer nicht zu beachten und deine eigenen zu akzeptieren ist nicht leicht. Wie jeder Mensch sind wir hin- und hergerissen zwischen dem Verlangen nach Zugehörigkeit und dem Wunsch nach Unabhängigkeit. Mit unserer individuellen Art ecken wir häufig an. Unser Umfeld suggeriert, dass sie nicht in Ordnung ist. Wir sollen so sein wie alle anderen anstatt wie wir selbst. Doch ich verrate dir etwas: Auf diesem Weg liegt das Unglück. Du wirst nie glücklich sein, wenn du versuchst, so zu sein wie alle anderen.

Im Gegenteil, du musst dich selbst so akzeptieren, wie du bist. Sei dir bewusst, dass niemand genau so ist wie du. Akzeptiere dich als diesen individuellen Menschen. Akzeptanz heißt nicht, dass du alles an dir mögen musst. Ich mag nicht alles an mir. Aber Akzeptanz heißt, dass du anerkennst, genau so zu sein, wie du bist. So introvertiert oder extrovertiert, so groß oder

klein, so dick oder dünn, so nüchtern oder fühlend, so sprunghaft oder stur. Akzeptiere, was du fühlst und was du denkst. Akzeptiere deine Taten und deine Entscheidungen. Akzeptiere dein Spiegelbild. Akzeptiere deine Ängste. Akzeptiere neue Erfahrungen als etwas, das jetzt passiert, anstatt sie abzulehnen. Akzeptiere alle Dinge, die du an dir magst, und alle, die du an dir nicht magst. Erkenne sie als Tatsache an. Diese Akzeptanz gibt dir die Kontrolle über dein Leben und deine Gedanken. Sie ist die entscheidende Voraussetzung für ein gutes Selbstwertgefühl.
Du brauchst Beispiele? Hier sind einige Eigenschaften, die ich an mir akzeptiere. Ich akzeptiere sie als etwas, das existiert, ob ich es mag oder nicht:

- Ich bin ernsthaft und selten euphorisch.
- Ich bin sensibel.
- Ich verbringe die meiste Zeit allein.
- Ich fühle mich unwohl in Gruppen.
- Ich bin gewissenhaft.
- Ich bin sehr groß (und falle dadurch auf).
- Ich bin seit vielen Jahren Single.
- An meinem Körper sieht man die Folgen des Übergewichts.
- Ich wiege fünf Kilogramm mehr, als ich möchte.
- Meine Zähne sind nicht so gerade, wie ich es gerne hätte.

Das sind einige meiner Eigenschaften, die ich an mir akzeptiere. Ich war oft besorgt, was andere darüber denken. Manchmal bin ich es heute noch. Doch mein Selbstwertgefühl hat nichts damit zu tun, was andere denken. Es hat einzig und allein damit zu tun, was ich selbst von mir denke. Es beeinflusst unser Leben in jeder Hinsicht: Bei der Arbeit, in der Liebe, in

Freundschaften. Unser Denken über uns selbst formt unseren Erfolg.
Dabei dachte ich lange Zeit, mein Selbstwertgefühl durch externe Erfolge steigern zu können. In der Schule hatte ich gute Noten, beruflich war ich meistens erfolgreich, verdiente gut und machte mich früh selbstständig. Ich dachte, mein Selbstwertgefühl würde schon steigen, wenn ich nur noch die nächste Stufe erreiche. Doch dem war nicht so. Externe Merkmale mögen das Denken anderer Menschen beeinflussen, doch nicht unser eigenes. Sie taugen daher nicht zur langfristigen Steigerung des Selbstwertgefühls. Erfolge, Besitztümer, Geld oder auch unsere Mitmenschen: Sie alle sind extern. Wir können uns einreden, uns mit ihnen besser zu fühlen, doch sobald sie verloren gehen, bricht auch die Illusion des Selbstwertes zusammen.

Dich zu akzeptieren ist der erste Schritt zu mehr Selbstwert. Bewusst zu leben ist der zweite. Achte auf die Signale, die dein Körper aussendet. Wenn negative Gefühle in dir aufsteigen, sei achtsam und ziehe deine Schlüsse aus ihnen. Reflektiere auch dann, wenn das klare Denken schwerfällt. Das ist bewusstes Leben. Es ist eine Entscheidung.
Meine Eigenschaften zu akzeptieren und meine Gefühle zu beobachten erlaubte es mir, mich ganz neu mit meinen Fähigkeiten auseinanderzusetzen. Anstatt nur an meinen Schwächen herumzudoktern, konzentrierte ich mich zunehmend auf meine Stärken. Indem ich sie annehme, kann ich auch meine Schwächen akzeptieren. Beides gehört zusammen. Das eine ist der Ausgleich für das andere. Heute gehe ich selbstsicherer mit meinen Eigenschaften um. Ich nutze sie zu meinem Vorteil und verspüre immer seltener Schuldgefühle. Mit meinen introvertierten Eigenschaften gehe ich einen anderen Weg zum Erfolg als die meisten Menschen. Diese Einstellung ist die Grundlage für ein gutes Selbstwertgefühl.

Sei ehrlich zu dir selbst

Stell dir mal ein Leben vor, in dem du ganz du selbst sein kannst. Du brauchst dich nicht zu verstellen, sondern lebst authentisch, ohne über dein Handeln nachzudenken. Du lebst einfach so, wie es sich für dich natürlich anfühlt. In diesem Leben wärest du glücklich. Doch es existiert vermutlich nur in deiner Vorstellung. Die meisten Menschen sind nicht authentisch. Sie verstellen sich jeden Tag, um den Erwartungen anderer gerecht zu werden. Wir Introvertierte sind da keine Ausnahme. Da wir von Kindesbeinen an beigebracht bekommen, dass unser Verhalten so nicht erwünscht ist, passen wir uns an – zuerst nach außen, später auch nach innen. Im Verlauf unserer Kindheit verlieren wir unsere Unschuld. Wir werden immer häufiger enttäuscht und verletzt. Wir erkennen, dass Erwachsene zwar Ehrlichkeit predigen, aber selbst oft lügen. Sie spielen Rollen, die sie sich von außen aufzwingen lassen. Und bald schlüpfen wir selbst in eine Rolle wie in einen Anzug. Der Anzug gibt uns das Gefühl von Sicherheit. Allerdings sitzt er nicht gut. An einigen Stellen ist er zu eng, er kratzt auf der Haut und die Hosenbeine sind viel zu lang. Wir wagen nicht mehr, ihn abzulegen, denn darunter sind wir nackt und verletzlich. Bald wissen wir gar nicht mehr, was unter diesem Anzug liegt, und tun stattdessen so, als wäre er unsere neue Haut. Wenn er nur nicht so unbequem wäre.

Wie sehr zwickt dein Anzug? Lebst du in einer Rolle, die du dir vor langer Zeit hast aufzwingen lassen, oder traust du dich, du selbst zu sein? Weißt du überhaupt noch, wer du bist oder lebst du nur so vor dich hin, wie man es von dir erwartet?
Jede Rolle ist eine Lüge, aber lügen soll man ja (angeblich) nicht. Ich möchte das gar nicht aus moralischer Sicht bewerten. Es wäre mir egal, ob du lügst, wenn es dich nicht unglücklich machen würde. Wer sich häufig verstellt, ist nicht glücklich.

Denn Lügen verursacht Stress, und der macht krank. Stress kommt nicht von außen, sondern aus unserem Kopf. Er kommt daher, dass wir nicht so leben, wie wir es für richtig halten. Ein solches Leben ist unglaublich anstrengend. Es kostet sehr viel Energie, immer wieder entscheiden zu müssen, wie viel Wahrheit wir der Welt zeigen können und wann wir doch besser eine Maske aufsetzen.
Die schädlichsten Lügen sind nicht einmal jene, die wir offen aussprechen, sondern jene, die wir leben. Du lebst eine Lüge, wenn du vorgibst, jemanden zu lieben, den du nicht liebst. Wenn du behauptest, dass dir etwas gleichgültig sei, obwohl es dir wichtig ist. Wenn du bewusst übertreibst. Wenn du deine Gefühle oder die Bedeutung deiner selbst herunterspielst. Das sind alles gelebte Lügen. Sie stressen uns, weil wir Angst haben, entdeckt zu werden. Wir leben sie, weil wir uns den Erwartungen anderer beugen und weil wir uns einreden, dass die Wahrheit beschämend sei. Beides führt zu Schuldgefühlen und schädigt unser Selbstwertgefühl.
Wir können uns nur selbst lieben, wenn unser Denken nach innen und unser Handeln nach außen im Einklang stehen. Dazu müssen wir zunächst akzeptieren, dass es eine Diskrepanz zwischen diesen beiden gibt. Dieses Eingeständnis bedeutet Ehrlichkeit uns selbst gegenüber. Von diesem Zustand aus können wir beginnen, wieder die Wahrheit zu leben.

Am Anfang ist es hart. Wer seit Jahrzehnten seine Lügen lebt, muss in seinem Umfeld erst einmal aufräumen. Doch ein ehrliches Leben ist so viel besser und stressfreier. Es ist befreiend, sich nicht verstecken zu müssen. Wir können einfach wir selbst sein. Mit der Wahrheit befreien wir uns von zerstörerischen Gedanken und Sorgen. Wir befreien uns aus unseren Köpfen und können unseren Verstand für uns benutzen, anstatt uns von unserem Verstand benutzen zu lassen. Tiefes Nachdenken ist ja eine unserer großen Stärken. Die dürfen wir nicht zu unserer Schwäche verkommen lassen! Ohne zu lügen können wir

unsere Gedanken positiver einsetzen, anstatt uns in negativen Gedankenspiralen zu verlieren. Wir haben wieder die Zeit und Energie dafür, achtsam zu leben und auf uns selbst zu hören. Wir sind leidlicher, weil wir unser bestes Selbst sein können.
Ehrliche Menschen wirken auf andere authentischer. Nicht immer führt Ehrlichkeit zu mehr Sympathie, doch ehrliche Menschen werden respektiert, weil sie so sind, wie sie sind – nicht, weil sie vorgeben, jemand zu sein, der sie nicht sind. Auf lange Sicht ist das mehr wert als Beziehungen, die auf falschen Tatsachen beruhen. Und auch wenn wir dadurch nicht automatisch mehr gemocht werden, so weiß zumindest jeder, woran er mit uns ist.

Ehrlich mit Introversion umgehen

Ich hoffe, dass du dich als Introvertierten bereits akzeptiert hast. Mit allen deinen Eigenschaften. Akzeptanz ist die Grundlage eines besseren Selbstwertgefühls, und nun gehen wir den nächsten Schritt. Ein weiterer Baustein der Selbstliebe ist der ehrliche Umgang mit deinen Eigenschaften. Der Bedarf an Ehrlichkeit uns selbst und anderen gegenüber betrifft zwar nicht nur unsere introvertierte Seite, aber lass es uns als Beispiel nutzen. Schließlich dreht sich dieses Buch um Introvertierte.

Ich weiß, dass viele Introvertierte nicht über ihre Präferenzen sprechen. Sie wollen sich in ihrem Umfeld nicht „outen". Sie verstecken sich hinter ihrer Maske. Aber das ist der falsche Ansatz. Ich habe mich selbst nicht leicht damit getan, das Thema offen anzusprechen. Es ist ja nicht irgendein Thema. Es handelt von mir und meinen tiefsten Vorlieben. Aber ich hatte das Gefühl, es aussprechen zu müssen. Introversion zu verstehen und zu akzeptieren war nur der halbe Weg. Ich konnte immer noch nicht ich selbst sein, solange ich diese Erkenntnisse für mich behielt. Also schrieb ich sie auf. Da lagen sie ein paar Monate auf meinem Computer, bis ich mich dazu überwand, die Inhalte öffentlich zu machen. Die ersten Beiträge gingen mir schwer von der Hand. Vor allem ihre Veröffentlichung kostete mich einige Überwindung. Doch mit jedem Artikel wurde es leichter. Heute schreibe ich offen über Introversion – im Blog, im Forum und nun sogar in einem Buch. Jeder kann meine Gedanken lesen.

Parallel zu den Veröffentlichungen im Blog sprach ich hin und wieder mit Bekannten über dieses Thema, wenn sich die Gelegenheit dazu ergab. Die ergab sich ziemlich häufig. Sobald ich erwähne, dass ich mich mit Introversion auseinandersetze, stoße ich auf offene Ohren. Einige bezeichneten sich selbst als introvertiert oder erzählten von introvertierten Eigenschaften, die sie in bestimmten Situationen an sich erkannt haben. Allerdings spreche ich nicht wahllos mit jedem über Introversion. Ich erwähne es nur gegenüber Menschen, die ich für reflektiert genug halte. Am Anfang war ich noch etwas nervös, doch heute habe ich vor den Reaktionen keine Angst mehr. Bis heute habe ich gute Erfahrungen mit der Offenheit gemacht. Es hat mir mehr gebracht als geschadet.

Und jetzt bist du an der Reihe. Ich empfehle dir, dein Umfeld darüber aufzuklären, wie du tickst. Vermutlich wird die offene Ansprache die Beziehungen zu deinen nächsten Mitmenschen sogar verbessern. Deinen Freunden und deiner Familie ist daran gelegen, dass du dich wohl fühlst. Ein paar Worte über dich selbst können dazu beitragen, dass dich dein Umfeld in Zukunft noch besser unterstützt. Anstatt in kritischen Situationen aneinander vorbeizureden, könnt ihr mit Verständnis für eure jeweiligen Persönlichkeitsmerkmale besser aufeinander eingehen. Ihr könnt Kompromisse schließen, ohne dass sich einer über seine Präferenzen hinaus verbiegen muss.

Tipps für die offene Kommunikation

- Bevor ich solche schwierigen Themen bespreche, schreibe ich gern erst einmal alles auf. Notiere dir also deine Vorlieben und Situationen, in denen sie besonders zum Tragen kommen.
- Suche dir Menschen aus deinem Umfeld, von denen du glaubst, dass sie gut nachvollziehen können, was du zu sagen hast. Mit hoher Wahrscheinlichkeit hast du einige Introvertierte in deinem Bekanntenkreis. Frage sie einfach, ob sie sich schon einmal mit Introversion auseinandergesetzt haben.
- Falls du dich nicht traust, das Thema offen anzusprechen, schicke jemandem einen Blog-Artikel zum Thema oder zeige ihm dieses Buch. Noch indirekter wäre es, dieses Buch einfach irgendwo liegen zu lassen, wo es garantiert jemand findet.
- Erkläre deine Präferenzen an konkreten Beispielen. Diese lassen sich besser vermitteln als trockene Theorie. Falls du mit einem Kollegen oder Vorgesetzten darüber sprichst, erwähne in jedem Fall, welche Stärken du als Introvertierter mitbringst.
- Verpacke das Gespräch nicht wie eine Beichte und vermittle es nicht so, als hättest du eine schwere Krankheit. Erzähle einfach davon, dass du dich in letzter Zeit mit Introversion auseinandergesetzt und dich darin wiedererkannt hast.
- Erfahrungsgemäß können sehr extrovertierte Menschen wenig mit dem Thema anfangen, da es sehr weit von dem entfernt ist, was für sie normal ist. Für sie musst du dir also mehr Mühe geben, als ihnen ein Buch zum Lesen zu überreichen. Vermutlich wirst du es überhaupt nur besprechen, wenn dir derjenige sehr nahesteht. Dafür solltet ihr euch Zeit nehmen.

Dein eigener Maßstab

Manchmal wissen wir gar nicht mehr so genau, wer wir eigentlich sind und was wir eigentlich wollen. Wer seit Jahren gegen seine Präferenzen lebt, dem wird gar nicht bewusst sein, dass er das tut. Es gibt da lediglich dieses ungute Gefühl in der Magengegend. Nicht zu wissen, was man will und wofür man steht, ist sehr anstrengend. Schließlich muss man in jeder Situation erneut entscheiden, wie man sich verhalten möchte. Das muss nicht sein. Jedenfalls nicht, wenn du dir deinen eigenen Maßstab schaffst. Dieser besteht aus deinen Werten. Viele Menschen kennen ihre eigenen Werte gar nicht und leben unreflektiert vor sich hin oder nehmen die Werte anderer Menschen an. Dabei können dir deine Werte als Orientierung in jeder Lebenssituation dienen. Wenn du es noch nie getan hast, nimm dir die Zeit, deine eigenen Werte zu erkunden. Das muss nicht lange dauern. Setze dich mal eine Stunde aufs Sofa und überlege dir, was dir im Leben wichtig ist. Wenn dir das schwerfällt, schreibe zunächst auf, welche Art von Verhalten dir gegen den Strich geht. So kannst du dich langsam zu deinen Werten vorarbeiten. Als kleine Unterstützung teile ich meine Werte mit dir:

- Ich verstelle mich nicht, um anderen zu gefallen.
- Ich halte meine Versprechen.
- Freundschaften sind mir wichtig.
- Ich rede nur von Dingen, die ich verstehe.
- Ich behandle alle Menschen fair.
- Ich möchte an Herausforderungen wachsen.
- Ich akzeptiere die Lebensweise anderer Menschen.
- Ich möchte mit meiner Arbeit Menschen unterstützen.
- Ich spreche nur ehrliche Empfehlungen aus.
- Ich verfolge eine konsequente Linie.

Deine Werte sind übrigens nicht jene, die du gerne hättest. Es sind die, die du bereits überwiegend lebst. Wenn du denkst, du wärest gerne ein pünktlicher Mensch, kommst aber stets zu spät, so ist Zuverlässigkeit keiner deiner Werte. Du wärest es vielleicht gern, da andere es von dir erwarten. Doch das zählt nicht. Suche nach den Werten, hinter denen du wirklich stehst. Werte, die dir wichtig sind – auch bei anderen Menschen! Vielleicht hast du sie bislang nicht konsequent durchgezogen, doch jedes Mal, wenn du es nicht tust, fühlst du dich schlecht. Deine Werte sind ein Anker in stürmischen Zeiten. Du musst sie auch dann leben können, wenn ein harter Wind bläst. Nur dann bist du ehrlich zu dir selbst. Hast du sie einmal herausgefunden, brauchst du nicht jeden Tag erneut schwere Entscheidungen über dein Verhalten zu treffen. Deine Entscheidungen ergeben sich von selbst aus deinen Werten.
Diese Übung solltest du wirklich durchführen. Wenn du es nicht jetzt machen möchtest, so schreibe dir eine Erinnerung für später!

Die Macht des Nein

Viele unserer alltäglichen Lügen bestehen aus nur einem Wort: Ja. Wie oft sagen wir Ja, obwohl wir Nein meinen? Ja zu Zeitverschwendung. Ja zu miesen Ideen. Ja zu Partys. Ja zu Gruppenausflügen. Ja zu schlechten Beziehungen. Jedes Ja ist eine Lüge, die uns viel Zeit und Energie kostet. Diese könnten wir für viel wichtigere Dinge aufwenden. Doch wenn wir nicht selbst Nein sagen, macht es niemand für uns. Jeder verfolgt seine eigenen Interessen – auch die altruistischsten Menschen –, und das solltest du auch tun. Hilf zunächst dir selbst, sodass du anderen helfen kannst.
Sage Ja, wenn du Ja sagen willst. Und sage Nein, wenn du Nein sagen willst. Wenn du noch nicht weißt, was du sagen willst, dann erlaube dir eine Bedenkzeit.

Wer das sagt, was er meint, ist authentisch. Solche Menschen sind die besten Freunde. Jeder weiß, was man an ihnen hat, und sie ermutigen auch andere dazu, ebenso authentisch zu leben. Diese ehrlichen Menschen verfügen über ein hohes Selbstwertgefühl und suchen sich ihre Beziehungen aus. Schädliche Menschen meiden sie. Das Nein zu schädlichen Beziehungen ist das wichtigste Nein! Noch schlimmer, als gar keine Menschen um dich herum zu haben, ist es, Menschen in deinem Umfeld zu haben, die dir schaden. Sage daher Nein zu solchen Beziehungen und schaffe dir Freiräume für wirklich inspirierende Menschen. Wir Introvertierte vertragen nur ein kleines soziales Umfeld. Dieses darf nicht toxisch sein.
Ich schließe heute hin und wieder Menschen aus meinem Leben aus, denen ich nicht vertrauen kann oder die mich negativ beeinflussen. Ich investiere keine Zeit und kein Herzblut mehr in diese Beziehungen. Vor einigen Jahren stieg ich aus meinem eigenen Unternehmen aus. Der Grund war ein Nein zu einer schädlichen Beziehung. Es war eine gute Entscheidung. Falls du in ähnlichen Beziehungen steckst, liegt es an dir, die Verantwortung dafür zu übernehmen.

Je ehrlicher du zu dir selbst und deinem Umfeld bist, desto glücklicher wirst du sein. Nur mit Ehrlichkeit bekommst du den Kopf frei für die wichtigen Dinge. Solange du an deinem Image arbeitest, lebst du nicht, sondern arbeitest an einem Marketing-Plan für deine Rolle. Du kannst nie der sein, der du bist, nie sagen, was du denkst, und nie das machen, woran du glaubst. Auf diesem Weg liegen nur Frust und Hass für deine Mitmenschen. In einem erfolgreichen Leben teilen wir alles offen mit anderen Menschen, ohne ein Schauspiel einstudieren zu müssen. Du wirst dich dafür selbst mehr mögen.

Übernimm Verantwortung für dein Leben

Okay, du akzeptierst dich selbst. Du bist ehrlich zu dir selbst und deinen Mitmenschen. Nun wird es Zeit, dass du Verantwortung für dein Leben übernimmst. Du denkst vermutlich, dass du das bereits tust. Ich jedenfalls denke das von mir. Dennoch erwische ich mich immer wieder dabei, wie ich mich meinem Schicksal ergebe, anstatt es selbst in die Hand zu nehmen.

Zurzeit suche ich eine Wohnung. Ich hatte mich längst für eine Wohnung entschieden und die weitere Suche eingestellt. Allerdings wartete ich seit drei Wochen auf die Zusage des Vermieters. Mit jedem Tag merkte ich, wie Stress in mir aufstieg, weil ich mich hilflos fühlte. Mir rannte die Zeit davon und ich konnte nichts weiter tun als warten, oder?

Bis mir bewusst wurde, dass ich mein Schicksal unnötig in die Hände eines anderen Menschen gelegt hatte. Ich begann erneut, nach Wohnungen zu suchen, fand ein paar interessante Angebote und vereinbarte sofort Besichtigungstermine. Nun habe ich das Gefühl, wieder die Kontrolle über die Situation zu haben. Ich habe Verantwortung für mein Leben übernommen und fühle mich besser.

Verantwortung zu übernehmen ist der schwierigste Schritt auf dem Weg zu einem guten Selbstwertgefühl. Wenn ich Menschen empfehle, dass sie Verantwortung für ihr Schicksal übernehmen sollen, stoße ich schnell auf Widerstand. Introvertierte sind keine Ausnahme. Kaum jemand möchte hören, dass er sich in eine Opferrolle begibt, wenn er nur nach Ausreden sucht und auf andere Menschen schimpft (z. B. auf Extrovertierte). Es ist schwerer, sich mit der eigenen Verantwortung auseinanderzusetzen, als einfach so weiterzumachen wie bisher. Selbst wenn das bisherige Leben unbefriedigend ist.

Es ist nicht nur schwer. Es ist auch das Gegenteil von dem, was die meisten Menschen gelernt haben. Doch wir können tun und lassen, was wir wollen, ohne jemandem Rechenschaft ablegen zu müssen. Das klingt ungewohnt, aber dieses Recht kannst du dir herausnehmen. Im Umkehrschluss bedeutet dieses Recht aber auch, dass niemand außer dir selbst für dein Glück verantwortlich ist. Du bist die Quelle deines eigenen Erfolgs oder Misserfolgs. Deine Gedanken, Entscheidungen und Taten führen dich ins Glück oder Unglück. Dieses Bewusstsein fehlt den meisten Menschen. Also flüchten sie sich in Ausreden und Anschuldigungen. Das führt zu Unzufriedenheit.

Der feine Unterschied: Mentalität

Mentalität beschreibt die Art unseres Denkens. Menschen lassen sich hinsichtlich ihrer Mentalität in zwei große Gruppen einteilen:

1. Fixiertes Denken

Diese Menschen nehmen an, dass sie so gut sind, wie sie sein können. Mehr geht nicht. Wenn sie etwas nicht können, finden sie dafür eine Ausrede oder einen Schuldigen.

2. Wachstumsorientiertes Denken

Diese Menschen nehmen an, dass sie so gut sind, wie sie es bisher gelernt haben. Sie können erfolgreicher werden, wenn sie an sich arbeiten.

Die meisten Menschen übernehmen eine fixierte Denkweise. Es wird uns so beigebracht. In der Schule werden wir auf Grundlage von Noten in klug und weniger klug eingeteilt. Im Elternhaus bekommen wir vorgelebt, was wir vom Leben zu erwarten haben. Wer von seinen Eltern eine fixierte Mentalität übernimmt, wird bestenfalls das erreichen, was ihm die Eltern

vermitteln. Daher haben die Kinder von Menschen ohne Ambitionen ebenfalls keine Ambitionen. Ungebildete Menschen bleiben ungebildet, arme Menschen bleiben arm und unglückliche Menschen bleiben unglücklich. Das ist kein Problem einer undurchlässigen Gesellschaft: Wer wenig Bildung genossen hat, kann das nachholen. Bildung ist weitgehend kostenlos. Wer sich ein Studium nicht leisten kann, wird vom Staat unterstützt. Das eigentliche Problem ist die Mentalität, die die Menschen erlernen. Wer in einer Familie aufwächst, in der Bildung und Aufstieg keine Priorität haben, der hat kaum eine Chance, aufzusteigen. Ich hingegen wuchs in einem gut situierten Elternhaus auf. In ihm übernahm ich Einstellungen, mit denen ich von vornherein einen hohen Anspruch an mich stellte. Das heißt nicht, dass ich wachstumsorientiertes Denken gelernt habe. Aber ich hatte das Glück, auf einem guten Niveau zu starten. So konnte ich auch mit einer fixierten Mentalität erfolgreich sein. Wer weiter unten startet, bleibt weiter unten, solange er nicht seine Mentalität ändert.
Die entscheidende Erkenntnis ist diese: Wir können unsere Mentalität ändern. Ich war bereits 29 Jahre alt, als ich begann, meine Denkweise zu ändern. Ich hatte es nicht geplant. Ich wusste nicht einmal, dass es diese zwei Mentalitäten gibt. Ich las nur das Buch „Denken Sie groß!" von David Schwartz. Die erste Auflage dieses Klassikers stammt aus dem Jahr 1959. Dieses alte Buch veränderte mein Leben. Ich begann daran zu glauben, selbst noch viel erreichen zu können, wenn ich mir hohe Ziele stecke und an mir arbeite. Ich lernte, dass ich nicht das Opfer äußerer Umstände sein muss. Ein halbes Jahr später übernahm ich große Verantwortung für mein Leben und verließ mein eigenes Unternehmen, in dem ich nicht mehr glücklich war.
Seitdem bin ich davon überzeugt, dass unsere innere Einstellung entscheidend für unseren Erfolg ist. Diese neue Mentalität half mir, mit meinen Eigenschaften als Introvertierter besser umzugehen. Anfangs verfiel ich zwar in alte Muster und fühlte

mich erleichtert, dass unsere Veranlagungen kaum veränderbar sein sollen, doch später übernahm ich wieder die Verantwortung für mein Leben. Wie ich Introversion bewerte, beeinflusst mein Leben so stark wie nichts anderes. Wichtiger als meine aktuellen Fähigkeiten ist der Glaube daran, meine Fähigkeiten verbessern zu können. Dass wir mit unseren introvertierten Fähigkeiten in der Gesellschaft manchmal anecken, kann keine Ausrede dafür sein, ein unzufriedenes Leben zu führen. Du kannst jede deiner schwach ausgeprägten Fähigkeiten verbessern – wenn es dich glücklicher macht. Das menschliche Gehirn ist derart formbar. Noch stärker empfehle ich jedoch, weiter an deinen Stärken zu arbeiten und dich darin jeden Tag ein kleines Stück zu verbessern. Das Ziel für morgen ist, ein bisschen besser zu sein als heute.

Sich selbst erfüllende Prophezeiungen

Kennst du die Idee der sich selbst erfüllenden Prophezeiung? Seit sie mir im Studium zum ersten Mal begegnete, läuft sie mir immer wieder über den Weg. Sie beschreibt das Phänomen, dass ein bestimmtes Verhalten eintritt, **weil** ich es erwarte. Wenn ich erwarte, dass mir hauptsächlich positive Dinge zustoßen, so werde ich vom Glück verfolgt sein. Wenn ich glaube, dass alle Menschen schlecht sind, dann werde ich nur auf schlechte Menschen treffen. Wenn ich denke, dass meine Mitarbeiter nichts taugen, dann werden sie tatsächlich nichts taugen. Falls dir diese Idee neu ist, mag sie sehr esoterisch wirken. Doch das ist sie nicht. Dieses Phänomen ist real und lässt sich rational erklären.

1. Wahrnehmung

In seinem Buch „So machen Sie Ihr Glück“ beschreibt Richard Wiseman Studien, die belegen, wie Menschen ihre Umgebung wahrnehmen. Menschen, die meinen, vom Glück verfolgt zu sein, nehmen viel eher glückliche Umstände wahr, als Men-

schen, die sich für unglücklich halten. Diese übersehen die glücklichen Umstände. Sie haben kein Auge dafür, denn unsere Konzentrationskraft ist begrenzt. Wir sehen nur das, was wir sehen wollen. Das Gleiche gilt, wenn wir erwarten, dass uns andere Menschen grundsätzlich schaden wollen. Dann werden wir auch in den nettesten Menschen jeden noch so kleinen Fehler finden, aber nicht all seine guten Eigenschaften.
Um mehr schöne Erfahrungen zu machen, müssen wir sie also zunächst erwarten. Wenn wir auf das Positive fokussieren, erhöhen wir die Chance, es tatsächlich zu erleben. Trotzdem werden uns noch schlechte Dinge passieren. Allerdings nehmen wir diese nicht mehr als überwältigend groß wahr.

2. Selbstbestätigung

Wir Menschen neigen dazu, Informationen (unbewusst) so zu interpretieren, dass sie unsere Erwartungen erfüllen. In der Psychologie nennt man dieses Phänomen Bestätigungsfehler. Wir täuschen uns selbst, um das zu bestätigen, was wir vorausgesagt haben. Wenn wir also erwarten, dass wir einer Aufgabe nicht gewachsen sind, so können wir sie kaum noch bewältigen. Denn unbewusst werden wir uns selbst manipulieren und nicht den Aufwand investieren, der notwendig wäre, eine große Aufgabe zu bewältigen. Henry Ford sagte bereits: „Ob du denkst, dass du es kannst, oder ob du denkst, dass du es nicht kannst – du wirst in jedem Fall recht behalten.“

3. Ansteckung

Mit unserer Erwartungshaltung beeinflussen wir die Menschen in unserem Umfeld. Sie werden zu dem, was wir von ihnen erwarten. Wenn ich als Führungskraft meinen Mitarbeitern nichts zutraue, werde ich ihnen keine anspruchsvollen Aufgaben geben. Sie spüren mein Misstrauen und wissen nicht, warum sie sich überhaupt anstrengen sollen. Entscheidungen überlassen sie gleich mir. Am Ende habe ich Mitarbeiter, denen nichts zuzutrauen ist. Genauso sind Emotionen ansteckend – positive wie negative. Trete ich gegenüber anderen positiv auf, so bekomme ich das von ihnen zurück. Mit negativen Emotionen kann das genauso gut nach hinten losgehen.

Deine innere Einstellung ist also ganz entscheidend für dein Lebensglück. Was auch immer du glaubst, es wird zu deiner Realität werden. Ob du den Tag mit einem Lächeln begrüßt oder mit schlechter Laune – das ist allein deine Entscheidung. Ob du Introversion verteufelst oder als deine Veranlagung begrüßt, aus der du viele Vorteile ziehen kannst – auch das ist deine Entscheidung.

Ja, aber …

Typischerweise kommen spätestens jetzt die Einwände. Du hast kein Geld? Keine Zeit? Kein Talent? Keine Kontakte? Keine Freunde? Nur bescheuerte Kollegen? Eine Familie zu ernähren? Ich weiß, dass es viele schwerer haben als ich. Aber das ändert nichts an der Tatsache, dass es Ausreden sind. Es tut gut, sich einzureden, warum man selbst in dieser oder jener Situation keine Verantwortung übernehmen kann. Es beruhigt vorübergehend das Gewissen. Es ist einfacher zu leiden, als etwas zu ändern. Doch das hilft dir nicht. Was nutzt es, über den nassen Regen oder die heiße Sonne zu schimpfen? Du kannst diese Dinge nicht ändern, also verschwendest du mit den Ausreden nur Energie. Wenn du alles immer so weitermachst wie bisher, wird auch alles immer so bleiben wie bisher. Jede Ausrede und jede Schuldzuweisung bedeuten einen Kontrollverlust in deinem Leben. Wichtig sind die Dinge, die du ändern kannst. Ein großer Erfolgstreiber ist der Glaube daran, dass unser Handeln einen Unterschied macht. Sei nicht derjenige, der kritisiert, hofft, wünscht oder vielleicht irgendwann einmal irgendetwas erreicht. Sei derjenige, der jetzt die Kontrolle über sein Leben übernimmt.

Deine Belohnung für mehr Eigenverantwortung sind ein höheres Selbstwertgefühl, mehr Selbstliebe, mehr Glück. Überlege dir einmal, in welchen Aspekten des Lebens du bereits ein höheres Selbstwertgefühl hast. Vermutlich sind es jene, in denen du bereits mehr Verantwortung übernimmst. Das ist kein Wunder, denn wenn wir Dinge aktiv angehen, mögen wir uns selbst mehr. Wir realisieren, dass wir es uns verdient haben, glücklich zu sein. Nun übertrage dieses Verantwortungsgefühl auf deine anderen Lebensbereiche. Übernimm Verantwortung für deinen Körper. Für deinen Geist. Für deine Beziehungen. Für deinen Job. Für dich.

Was kannst du in den nächsten sieben Tagen tun, um eigenverantwortlicher zu denken und zu handeln? Schreibe alles auf, was dir dazu einfällt.

Lebe gesund

Gesundheit ist das Wichtigste. Das haben meine Großeltern schon immer gesagt. Jetzt komme ich in das Alter, in dem ich es glaube. Ein gesundes Leben besteht für mich nicht nur darin, frei von Krankheiten zu sein. Ich meine einen gesunden Lebensstil, der auf vier Säulen steht. Ich möchte mich gesund ernähren, meinen Körper bewegen, meine Seele streicheln und meinen Geist entwickeln. Wenn diese vier Dinge im Einklang stehen, fühle ich mich gesund. Dann habe ich die besten Voraussetzungen für ein hohes Selbstwertgefühl und Glück.

Gesundheit war mir nicht immer wichtig. Bis vor einigen Jahren ernährte ich mich schlecht. So schlecht, dass ich bis zu 150 Kilogramm wog. Viel bewegen konnte und wollte ich mich nicht. Für meine Seele und meinen Geist tat ich auch nichts. Ich war nicht besonders glücklich.

Ich möchte dir ein wenig mehr über die vier Säulen eines gesunden Lebensstils erzählen und wie du sie in deinen Alltag integrieren kannst. Sie gelten nicht exklusiv für Introvertierte, sondern für jeden Menschen. Ich möchte sie dir jedoch nicht verschweigen, weil ich sie für essenziell halte.

1. Gesunde Ernährung

Ich möchte meinem Körper Lebensmittel zuführen, die gut für ihn sind. Das sind vor allem jene, die noch nicht verarbeitet wurden. Früher fiel ich immer wieder auf die einfachste Lösung zurück: Fertiggerichte. Selbst nachdem ich viel Gewicht verloren hatte, landete ich wieder bei ihnen. Sie sind bequem, aber nicht gut für meinen Körper. Sie schmecken nicht so gut, sie machen nicht so satt und sie enthalten weniger Nährstoffe, dafür aber schwer identifizierbare Zusatzstoffe, die dort nicht hingehören. Es musste immer schnell gehen. Nicht, weil ich gestresst war, sondern weil ich für mich allein nicht so

viel Zeit aufwenden wollte. Freunde lud ich auch nie zu mir ein.
Heute kaufe ich vorwiegend frische Lebensmittel und koche regelmäßig – oder bin dabei, es zu lernen. Ich habe meinen Zuckerkonsum reduziert (mein größtes Laster), ich trinke fast nur Wasser, wenig Alkohol und rauche nicht. Ich fühle mich nicht nur körperlich besser. Die bewusste Ernährung gibt mir auch einen mentalen Schub. Es fühlt sich gut an, nicht nur unachtsam vor mich hin zu leben. Ich investiere die Zeit und das Geld bewusst in mich. Indem ich die Abhängigkeit von schlechten Lebensmitteln reduzierte, habe ich mein Selbstwertgefühl gesteigert.

2. Bewegung

Unsere Körper wollen bewegt werden, sonst werden sie krank. Unsere Muskeln müssen wir beanspruchen, denn dafür sind sie da. Während der ersten 29 Jahre meines Lebens spielte Sport für mich kaum eine Rolle. Zwar war ich für viele Jahre bei einem Fitnessstudio angemeldet, doch ich ging selten hin. Ich nahm den Gedanken nicht ernst, dass unsere Körper Bewegung brauchen. Schließlich fühlte ich mich – gemessen an meinem Gewicht – verhältnismäßig fit, doch das war ich natürlich nicht.
Heute treibe ich fast jeden Tag Sport. Ich habe ihn so sehr in meinen Alltag integriert, dass ich mich gar nicht mehr fragen muss, ob ich mal wieder Sport treiben sollte. Ich gestalte meinen Sport abwechslungsreich und unterhaltsam. Am liebsten treibe ich Teamsport. Der Wettkampfgedanke motiviert mich und ich bin unter Menschen. Wann immer möglich, spiele ich Fußball, Basketball oder Squash. Darüber hinaus gehe ich häufig joggen. Wenn ich allein durch einen Park laufe, kann ich gut daran arbeiten, achtsamer zu sein. Anstatt meinem Gedankenkarussell freien Lauf zu lassen, versuche ich mich auf den Lauf und die Umgebung zu konzentrieren.

Außerdem habe ich mir mein eigenes kleines Fitnessprogramm erstellt, das ich zu Hause ohne Geräte jeden zweiten Tag durchführe. So arbeite ich nicht nur an meiner Kondition, sondern auch an der Kraft. Fehlt nur noch die Beweglichkeit. Kürzlich nahm ich zum ersten Mal an einem Yogakurs teil, den ich anschließend in meinem gesamten Körper spürte. Das werde ich beibehalten, zumal ich auch hier wieder unter Menschen bin – aber gleichzeitig der Fokus auf Ruhe und Entspannung liegt. Solche Kurse sind perfekt für Introvertierte.
Rein biologisch bin ich mit meinen 32 Jahren schon nicht mehr auf dem Höhepunkt meiner physischen Schaffenskraft, aber ich bin fit wie nie zuvor. Und ich bin häufiger guter Laune. Beim Sport werden schließlich Glückshormone ausgeschüttet, und auch langfristig hebt Sport die Stimmung.

3. Fühlen

Positive Emotionen sind gleichzeitig Folge und Voraussetzung eines gesunden Lebensstils. Positive Menschen leben länger, und mir scheint ihr Leben auch lebenswerter als das von Menschen, die häufig Trauer tragen.
Als Introvertierter verbringe ich viel Zeit in meinem Kopf. Das kann mich belasten, wenn ich meinen Gedanken freien Lauf lasse. Ich kann sie aber auch zu meinem Vorteil nutzen. Ich möchte so wenig wie möglich emotionalen Ballast mit mir herumschleppen. Über Akzeptanz, Ehrlichkeit und Eigenverantwortung arbeite ich an meinem Selbstwertgefühl. Ich umgebe mich mit inspirierenden Menschen. Ich meditiere täglich, um mich in Achtsamkeit zu üben. Durch solche Übungen lerne ich, im Hier und Jetzt zu leben, denn in unseren Gedanken sind wir fast immer in der Vergangenheit oder in der Zukunft. Das beeinträchtigt unser Leben in der Gegenwart. Meditation hilft mir dabei, den Moment zu genießen. Zehn Minuten Konzentration auf meine Atmung

genügen, um mich zu entspannen. Meditation braucht Geduld und Übung, aber sie ist ein großer Glückstreiber.

4. Wachsen

Die vierte Säule ist unser Geist. Wir können ihm jeden Tag eine kleine Herausforderung stellen und ihm beim Wachsen beinahe zusehen. Das nennt sich Lernen. Es fasziniert mich, wie wir unseren Geist trainieren können. Richtig bewusst wurde es mir erst, als ich vor einiger Zeit begann, Gitarre zu spielen. Falls du selbst Gitarre spielst, kannst du dich bestimmt an die ersten Tage erinnern. Die Fingerkuppen schmerzen, du kannst die Akkorde kaum greifen, bei jedem Akkordwechsel musst du ganz genau hinschauen, was deine Finger da machen, und es läuft noch nichts zusammen. Doch schon ein paar Wochen später wird alles besser. Auf den Fingerkuppen wächst Hornhaut und dein Gehirn hat die Abläufe verinnerlicht. Du musst nicht mehr nachdenken, deine Finger legen sich wie von selbst auf die Saiten und spielen den Song, an dem du vor ein paar Wochen noch verzweifelt bist. Ich finde es erstaunlich!

So funktioniert Lernen. Wir bringen unserem Gehirn etwas Neues bei, üben es und warten auf die Automatisierung. Daher übe ich bestimmte Dinge jeden Tag. Ich nehme mir täglich die Gitarre zur Hand. Ich lerne jeden Tag etwas Spanisch. Ich schreibe (fast) jeden Tag. Außerdem lese ich jeden Tag in einem Buch. Manchmal nur 20 Minuten, manchmal zwei Stunden. Ich möchte jeden Tag ein kleines bisschen besser sein als am Vortag. Das funktioniert, solange ich mir Zeit für meine täglichen Übungen nehme.

Uns Introvertierten kommt die Konzentration auf unseren Geist sehr entgegen. Wir lesen ohnehin gern und saugen viel Wissen zu interessanten Themen auf. Wir sind gern allein und arbeiten ausdauernd daran, Herausforderungen zu überwinden. Falls du bisher nicht in geistiges Wachstum investierst, hast du es vielleicht nie für dich entdeckt oder aber verlernt. Neue Gewohnheiten zu entwickeln ist zunächst schwierig. Wie du es trotzdem schaffst, zeige ich dir im übernächsten Abschnitt.

Ich empfehle dir, jeden Tag etwas für deine Gesundheit zu tun, und zwar für alle vier Säulen. Mach nicht alles auf einmal, aber starte mit täglichen Übungen. Iss oder trinke etwas Gesundes – auch wenn es nur ein Glas Wasser anstatt Cola ist –, bewege dich ein bisschen, lebe für ein paar Minuten ganz bewusst und lerne etwas Neues. Ein gesunder Körper, eine gesunde Seele und ein gesunder Geist geben dir die Energie für den Alltag, die du brauchst, um auch die Dinge zu bewältigen, die dir schwerfallen. So wirst du nicht nur besser in einem extrovertierten Umfeld funktionieren, sondern auch eine positivere Einstellung dir selbst gegenüber entwickeln.

Mehr über gesunde Gewohnheiten erfährst du auf meiner Website www.healthyhabits.de.

Erfinde dich neu

Dieser Abschnitt könnte auch „Finde deine Leidenschaft" heißen, doch ich möchte das Wort Leidenschaft nicht zu hoch hängen. Es suggeriert, dass es diese eine große Sache gibt, die uns komplett ausfüllt. Das setzt uns nur unnötig unter Druck, sie zu finden und derweil andere Interessen zu vernachlässigen. Ich habe mehrere Interessen und möchte im Verlauf meines Lebens einige davon ausprobieren.

Tiefe Interessen machen uns glücklich – jedenfalls wenn wir ihnen nachgehen und unsere Fähigkeiten verbessern. Jedes Mal, wenn wir eine besondere Fähigkeit einsetzen, erleben wir ein Gefühl der Zufriedenheit. Ganz nebenbei machen wir uns mit solchen Fähigkeiten auch interessanter für andere Menschen, da wir mehr Gelegenheiten erhalten, anderen zu helfen.

Ich weiß, wie gut es sich anfühlt, seinen Interessen nachzugehen und die eigenen Fähigkeiten auszubauen. Daher möchte ich dich ermutigen, genau das zu tun. Überlege dir einmal, welche Interessen du gern vertiefen möchtest. Was könnte sich zu einer Leidenschaft entwickeln? Was möchtest du richtig gut können?

Vor vier Monaten überlegte ich mir, was ich gern besser können würde. Einige dieser Punkte sind Interessen, andere sind lediglich Dinge, die ich gern etwas besser können möchte, weil sie mir im Alltag Probleme bereiten. Darunter sind einige typisch introvertierte Herausforderungen.

Dinge, die ich gern besser könnte

- Kochen
- Spanisch sprechen
- Tanzen
- Fußball spielen
- Gitarre spielen

- Schreiben
- Gedanken und Gefühle ehrlich kommunizieren
- Mich in Gruppen wohl fühlen
- Menschen in die Augen schauen
- Mit Menschen lachen
- Menschen ohne konkretes Ziel ansprechen
- Small Talk
- Geschichten erzählen (frei sprechen)
- Ehrlich zu mir selbst sein
- Menschen berühren, ohne dass es sich unnatürlich anfühlt
- Zufrieden sein
- Menschen unterhalten
- Menschen zeigen, was ich von ihnen denke
- Mich für Themen begeistern
- Meine Inkonsequenzen erkennen

Es war nicht leicht, das in Worte zu fassen. Erst recht, weil ich diese Liste mit einer Freundin teilte. Ich musste zunächst akzeptieren, dass ich diese Dinge nicht besonders gut kann (einige mehr, andere weniger). Ich musste ehrlich anerkennen, dass mich das stört. Dafür musste ich so offen sein, dass es regelrecht wehtat. Ich fühlte mich nackt. Im nächsten Schritt musste ich Verantwortung übernehmen.

Die Liste ist viel zu lang, als dass ich alles sofort angehen könnte. Wer gleichzeitig 20 Gewohnheiten ändern möchte, ändert letztendlich gar keine. Aber heute – vier Monate später – habe ich mich bereits in vielem verbessert. An Tag eins nach der Liste begann ich wieder, Spanisch zu lernen. Seitdem habe ich keinen einzigen Tag verpasst. Kurz darauf nahm ich erstmals seit 20 Jahren Gitarrenunterricht und übe jeden Tag. Ich koche mehr, als ich jemals zuvor gekocht hatte. Ich schreibe

fast jeden Tag. Ich kommuniziere meine Gedanken und teilweise auch meine Gefühle ehrlicher. Ich habe mich manches Mal in Gruppen einigermaßen wohl gefühlt. Insgesamt bin ich wesentlich zufriedener als vor vier Monaten.
Das sind kleine Veränderungen, die ich in meinen Alltag integriert habe. Veränderungen, die mir sehr guttun. Ich bin mir sicher, du kannst das auch (wenn du möchtest). Menschen unterschätzen häufig ihre Fähigkeit zur Veränderung. Die Widerstände erscheinen zunächst viel größer, als sie tatsächlich sind. Letztendlich gehört zu einer Veränderung kaum mehr als Akzeptanz, Ehrlichkeit und Eigenverantwortung. Die notwendigen Entscheidungen kannst du jeden Tag treffen, der beste Tag ist aber heute.
Größere Veränderungen klappen besser, wenn dich dein Umfeld dabei unterstützt. Umgib dich daher mit Menschen, die ähnliche Interessen haben – und eine wachstumsorientierte Mentalität. So könnt ihr euch gegenseitig helfen und motivieren. Hast du bislang keine Freunde mit gleichen Interessen, überlege dir, wo du solche Menschen kennenlernen kannst. Um bei meinen oben genannten Beispielen zu bleiben: Fürs Kochen gibt es Kochkurse, für Sprachen gibt es Sprachkurse, für Sport gibt es Sportvereine oder -gruppen, für Musik gibt es Musikschulen, fürs Tanzen gibt es ebenfalls Kurse, und selbst für Autoren gibt es in größeren Städten Stammtische (wie übrigens für fast jedes Interesse).
Wenn du niemanden in deinem unmittelbaren Umfeld findest, so orientiere dich an Vorbildern in deiner Branche. Lies ihre Bücher und Blogs, tausche dich mit ihnen aus. Und dann übe, übe, übe.
Ich möchte, dass du Dinge machst, die du liebst. Wenn nicht den ganzen Tag lang, dann zumindest einmal am Tag. Deine Fähigkeiten in diesen Bereichen zu entwickeln wird dir einen weiteren Schub in deinem Selbstwertgefühl geben.

Trainiere deine Gewohnheiten

In den letzten Kapiteln habe ich dir viele Dinge aufgeladen, die du tun könntest, um zufriedener zu leben. Mir ist bewusst, dass du sie nicht alle gleichzeitig angehen kannst. Jede neue Gewohnheit erfordert Willenskraft, und die ist begrenzt. Auch wenn du ganz verschiedene Dinge ändern willst, die nichts miteinander zu tun haben, so zehren sie an der gleichen Kraft. Wenn du versuchst, ab heute mehr zu kochen, Spanisch zu lernen, ein Instrument zu spielen, joggen zu gehen, ein Buch zu schreiben, mit deinen Kollegen zu plaudern und deine öffentliche Rede zu trainieren, dann wirst du damit scheitern, bevor du überhaupt das Ende der Woche erreichst. Es ist einfach zu viel.

Nur die schlechten Gewohnheiten kommen von allein. Wir nehmen sie ganz unbewusst an. Unser modernes Leben ist auf Bequemlichkeit ausgelegt. Wir haben schon alles, was wir brauchen. Alles darüber hinaus soll uns das Leben bequemer machen. Deshalb gibt es Fertigessen, Fernbedienungen und Smartphones. Deshalb meckern wir über andere, anstatt Verantwortung zu übernehmen. Diese Dinge formen unsere Gewohnheiten, ohne dass wir darüber nachdenken. Sie ebnen uns den Weg des geringsten Widerstandes.

Für gute Gewohnheiten, die uns wichtig sind, müssen wir mehr tun, als ein weiteres Gadget zu kaufen. Neue Gewohnheiten kosten Überwindung, und zwar heute. Zu warten ist nie eine gute Idee. So wie die Menschen, die sich einreden, dass sie all die tollen Dinge machen werden, von denen sie schon immer geträumt haben, sobald sie ins Rentenalter eintreten. Das passiert so gut wie nie. Die meisten Rentner leben ihre alten Gewohnheiten weiter, weil das viel leichter ist, als große Veränderungen anzustoßen. An Tag X stellen sie fest, dass es immer noch schwierig ist, eine neue Gewohnheit anzunehmen. Allerdings sind sie nun schon 30 Jahre älter. Es klingt plakativ,

doch es gibt nur einen guten Zeitpunkt, um eine Gewohnheit zu beginnen: heute. Vielleicht passt dir heute nicht so gut in den Kram. Trotzdem ist es besser als morgen.
So kam ich zum Gitarrespielen. Ich befand mich auf einer Reise durch die USA, als ich meinem Gastgeber David in San Francisco erzählte, dass ich nach meiner Rückkehr nach Deutschland beginnen wolle, Gitarre zu spielen. Daraufhin fragte er mich, warum ich nicht sofort beginne. Ich war zunächst perplex. Mein Gehirn erfand sofort Ausreden: Aber wie komme ich denn unterwegs an eine Gitarre? Und wer soll mir das beibringen? Es wäre viel leichter, es in Deutschland zu lernen. Aber ich fühlte mich angestachelt und machte mir ernsthafte Gedanken darüber, wie das funktionieren könnte. Dann ging alles ganz schnell. David stellte mich einem befreundeten Gitarrenlehrer vor, bei dem ich an zwei Tagen Unterricht nahm. Es reichte für den Beginn. Dann fand ich einen Gitarrenladen, in dem ich eine Gitarre ausleihen konnte. Diese nahm ich mit auf meinen Road-Trip durch Kalifornien. Als ich nach Deutschland zurückkehrte, kaufte ich mir sofort eine Gitarre und konnte bereits zwei Songs spielen. Sofort anzufangen – selbst wenn es gerade ganz ungünstig scheint – ist der beste Weg, um neue Gewohnheiten zu erlernen.
Erstelle eine Liste mit Dingen, die du gern besser könntest. Ich bin mir sicher, dir wird einiges einfallen. Dann priorisiere die Liste. Konzentriere dich auf Interessen, auf die du dich wirklich freust. Beginne mit einer neuen Gewohnheit, die dir sehr wichtig ist. Deine täglichen Aktivitäten sollten immer mit deiner persönlichen Vision eines guten Lebens übereinstimmen. Arbeite also an jenen Dingen, an die du glaubst und denen du einen Sinn geben kannst. Du kannst das übrigens auch auf den Umgang mit Introversion beziehen.

Ein paar Beispiele:

- **Bei Freunden melden:** In meinem natürlichen Rückzugsmodus fällt es schwer, Freundschaften zu pflegen. Daher nahm ich mir eine Zeit lang bewusst vor, mich jeden Tag bei einem Freund oder Bekannten zu melden.
- **Mehr lesen:** Ich wollte mehr lesen, und zwar jeden Tag. Denn beim Lesen kann ich mich entspannen und tue etwas für meinen Geist.
- **Offener sein:** Ich schreibe täglich drei gute Dinge auf, die mir an diesem Tag passiert sind. So gehe ich etwas achtsamer und dankbarer durchs Leben. Zusätzlich teile ich die Dinge mit einer guten Freundin. Dadurch arbeite ich an meiner Offenheit. Du kannst dir auch vornehmen, offener mit deinen introvertierten Eigenschaften umzugehen.
- **Zeit für mich allein:** Wenn du dir bisher nicht jeden Tag eine kleine Auszeit für dich allein gönnst, wäre das eine gute Gewohnheit, die du dir ab sofort vornehmen könntest.
- **Small Talk im Büro:** Hast du dich vor deinen Kollegen bisher etwas zu sehr zurückgezogen? Wirkst du unnahbar auf sie? Dann nimm dir doch mal vor, jeden Tag mit einer Person wenigstens für zwei Minuten Small Talk zu betreiben.
- **In Meetings zu Wort kommen:** Wenn du in Meetings oft nur still dabeisitzt und dich hinterher selbst darüber ärgerst, könntest du dir gezielt vornehmen, in jedem Meeting mindestens einen Beitrag zu leisten.
- **Nicht über Extrovertierte beklagen:** Lästern und meckern sind schädliche Gewohnheiten. Die kannst du dir abgewöhnen. Achte darauf, wenn du dich das nächste Mal beklagst. Sei dir bewusst, dass du dir damit nur schadest, und übernimm Verantwortung, wenn dich etwas stört.

Du siehst, der gesamte Alltag besteht aus Gewohnheiten. Jede Veränderung in deinem Leben setzt eine neue Gewohnheit voraus. Und der Grund dafür, dass sie dir schwerfallen, sind die fiesen Widerstände.

Widerstände verstehen und abbauen

Du wirst auf die ersten Widerstände stoßen, bevor du überhaupt anfängst. Häufig sind es nur Kleinigkeiten, die in deinem Kopf ganz groß werden. Sie halten dich davon ab, etwas Gutes zu tun. Der Regen hält dich vom Joggen ab. Das fehlende Rezept hält dich vom Kochen ab. Die Müdigkeit hält dich vom Lesen ab.
Zeit zu vertrödeln ist deshalb so beliebt, weil es keinen Widerstand gibt. Nichts ist leichter, als auf dem Sofa herumzulungern. Das Fernsehprogramm ist nur einen einzigen Knopfdruck entfernt. Und doch macht es uns nicht zufrieden. Produktive Arbeit macht uns wesentlich glücklicher. Dieses Glücksgefühl versteckt sich hinter zahlreichen Widerständen. Du musst es dir erarbeiten. In den ersten Tagen kommst du über sie vielleicht noch gut hinweg. Die Euphorie der Veränderung trägt dich. Doch dann ist wieder Alltag und unsere Willenskraft bald erschöpft. Daher ist es wichtig, Widerstände vorausschauend abzubauen. Und besser noch: Die Widerstände für schlechte Gewohnheiten zu erhöhen! Was heißt das in der Praxis?

Lass uns bei der Gitarre und dem Fernseher bleiben. Nehmen wir an, du kommst am Abend nach Hause und möchtest auf der Gitarre üben. Sie steht gut verstaut im Schrank deines Schlafzimmers. Du bist ein wenig erschöpft und lässt dich zunächst aufs Sofa sinken. Gleich neben dir liegt die Fernbedienung für den Fernseher. Wie praktisch. Du schaltest ihn ein, um nur ein paar Minuten zu schauen. In diesem Moment ist längst entschieden, dass du heute nicht mehr auf der Gitarre spielen wirst. Der Widerstand ist viel zu hoch (Gitarre steht im Schlafzimmerschrank), während der Widerstand für die schlechte Gewohnheit zu gering ist (die Fernbedienung liegt neben dir). Mit vorausschauender Planung kannst du den Ausgang dieser Situation verändern. Stelle die Gitarre neben das Sofa oder mitten in den Raum, sodass du auf jeden Fall an ihr vorbeikommst. Die Fernbedienung deines Fernsehers verstaust du im Schrank. Vielleicht nimmst du sogar die Batterien heraus und ziehst den Stecker des Fernsehers aus der Steckdose. Wenn du am nächsten Abend nach Hause kommst, stehst du vor einer neuen Situation. Die Gitarre steht griffbereit neben dir, aber den Fernseher einzuschalten ist aufwendig geworden. Herzlichen Glückwunsch, du spielst heute Abend auf der Gitarre! Es klingt beinahe zu einfach, als dass es funktionieren könnte. Doch es funktioniert. Ich garantiere es dir. Dieses Beispiel kannst du auf jede andere Situation übertragen. Kaufe keine Süßigkeiten ein, aber habe immer Obst im Haus. Platziere deine Laufsachen genau dort, wo du dich aufhältst, bevor du laufen gehst. Hab immer ein Buch in der Tasche anstatt eines iPads. Und vor allem: Erstelle Regeln. Widerstände bestehen im Kopf. Wenn du jedes Mal erneut nachdenken musst, wie du dich in einer Situation verhältst, fällst du immer wieder auf die leichteste Lösung zurück. Wer Regeln hat, erspart sich das Nachdenken. So mache ich es zu meiner Regel, jeden Tag zu meditieren. Ich muss nicht überlegen, ob ich heute meditiere. Na klar meditiere ich! Außerdem trinke ich seit zwei Monaten keine Softdrinks. Das ist meine Regel. Früher hielt ich das nie lange durch, weil ich es nicht so konkret formuliert hatte. Wenn wir nur oft genug die kleinen Widerstände des Alltags überwinden, gehen uns die Gewohnheiten bald in Fleisch und Blut über. Unser Gehirn gewöhnt sich daran und erwartet sie. Du solltest mit mindestens 30 Tagen rechnen, in denen du dich bewusst überwinden musst. Danach ist es eine Gewohnheit.

Ich garantiere dir, dass du dich wohler fühlen wirst, wenn du Gewohnheiten durchziehst, die dir guttun. Sie sind für mich der Schlüssel zu meinem derzeitigen Wohlbefinden. Ich habe nun das Gefühl, alles erreichen zu können, da ich bereits so viele Widerstände überwunden habe.

Nimm dir wieder deine Liste mit Dingen vor, die du gern besser könntest. Schreibe nun dazu, welche Widerstände dich davon abhalten, sie umzusetzen. Sie sind nicht immer offensichtlich. Oft bemerkst du sie nur, wenn du kurz vor der Umsetzung stehst. Sie stellen sich dir dann in Form von Ausreden in den Weg. Beobachte genau, welche Ausreden in deinem Kopf auftauchen, und versuche, diese Widerstände abzubauen. Für einige der oben genannten Beispiele bedeutet das:

Bei Freunden melden: Als ich mir vornahm, mich jeden Tag bei einem Freund oder Bekannten zu melden, tat ich mich anfangs schwer damit. Schließlich musste ich jeden Tag überlegen, bei wem ich mal anklopfen sollte. Das war mein Widerstand. Daher erstellte ich eine Liste mit allen Menschen, zu denen ich nicht den Kontakt verlieren möchte. So fiel es mir leichter, mich wirklich jeden Tag bei jemandem zu melden.

Mehr lesen: Auch bei einer so einfachen Aufgabe wie jeden Tag in einem Buch zu lesen gibt es Widerstände: Welches Buch soll ich lesen? Ich habe kein Buch dabei. Ich habe keine Zeit! Mein Bücherkonsum vervielfachte sich, als ich mir vor drei Jahren ein elektronisches Lesegerät zulegte. Das ist so klein, dass ich es fast immer dabeihaben kann, und ich habe immer mehrere Bücher vorrätig. Keine Zeit zählt auch nicht. Sie mir zu nehmen fällt leichter, wenn ich genau weiß, wann ich lesen will. Ich lese morgens oder abends im Bett. Es ist ein Ritual und damit ein Widerstand weniger.

Zeit für mich allein: Diese Gewohnheit ist für mich kein Problem. Ich lebe ohnehin allein. Aber für andere ist es schwieriger, sich diese Zeit zu gönnen. Die größten Widerstände bestehen darin, dass im Alltag keine Zeit fürs Alleinsein vorgesehen ist und dass unsere Mitmenschen nicht erwarten, dass wir allein sein wollen. Demnach solltest du bei den Menschen, mit denen du zusammenlebst, für Verständnis werben. Erkläre ihnen, dass du jeden Tag eine kurze Auszeit benötigst, um gut zu funktionieren. Außerdem solltest du dafür eine feste Zeit definieren, einen Termin mit dir selbst. Das macht es leichter, diese Zeit tatsächlich zu bekommen.

Gute Gewohnheiten zu etablieren ist für alle Menschen schwer. Das hat nichts mit Introvertierten zu tun. Aber es hat alles damit zu tun, dich selbst zu lieben.

Leiste einen Beitrag

Kommen wir zum letzten Baustein der Selbstliebe. Dieser setzt die anderen Bausteine voraus. Nur wer bereits ein ordentliches Selbstwertgefühl hat, gesund lebt und geistig wächst, hat die Kraft und Kapazität, etwas an andere weiterzugeben. Der Wunsch, etwas für die Nachwelt zu hinterlassen, ist in uns einprogrammiert. Er zeigt sich jedoch nicht sofort. In jungen Jahren sind wir zunächst stark mit uns selbst beschäftigt. Erst später kommen die Sinnfragen. Meiner Erfahrung nach gibt es zwei Situationen, in denen der Wunsch aufkommt, mehr für das Gemeinwohl zu leisten.

1. Bei großer Freiheit

In meinen Zwanzigern war ich vorwiegend damit beschäftigt, meine Karriere anzuschieben. Ich arbeitete viel, baute meine Selbstständigkeit auf und verdiente Geld. Ich schuf mir mein eigenes kleines Hamsterrad. Erst mit dem Ausstieg aus meinem Unternehmen und der darauf folgenden Weltreise erschuf ich mir Freiheit. Durch meine Blogs und Bücher kann ich es mir heute erlauben, immer weiterzureisen. Ich kann arbeiten, von wo ich möchte. Ich bin von niemandem abhängig. Für mehr als zwei Jahre hatte ich nicht einmal eine feste Wohnung. Es ist die ultimative Unabhängigkeit. In dieser Phase sah ich mich jedoch immer häufiger mit Sinnfragen konfrontiert – und nicht nur mich. Die Menschen in meinem Umfeld stellen sich die gleichen Fragen. Sie wollen mehr als nur Geld verdienen. Sie wollen anderen helfen.

2. In der Lebensmitte

Das, was ich mit etwa 30 Jahren erlebe, machen viele Menschen in der Lebensmitte durch. Das nennt sich dann Midlife-Crisis. Sie merken, dass sie beruflich nicht mehr weiterkommen, die Partnerschaft festgefahren ist und es körperlich bergab geht. In dieser Zeit reflektieren viele Menschen ihre Lebensziele. Plötzlich wächst das Bedürfnis, noch etwas von Bedeutung für die Nachwelt zu hinterlassen. Wie intensiv diese Krise ist, hängt wesentlich vom Selbstwertgefühl der Betroffenen ab. Im Allgemeinen wird die Midlife-Crisis eher mit Männern in Verbindung gebracht. Vielleicht, weil Frauen in den Kindern ihren Beitrag für die Nachwelt sehen, jedenfalls stärker als Männer.

Vielleicht beschleicht dich bereits dieses Gefühl, einen Beitrag leisten zu wollen. In diesem Fall möchte ich dich dazu motivieren, diesem Gefühl nachzugehen, anstatt es zu ignorieren. Es wird sonst größer, als du es ertragen kannst. Falls du noch nicht weißt, welchen Beitrag du leisten kannst, empfehle ich das Buch „Frag immer erst: Warum?“ von Simon Sinek. Der Autor ermutigt dazu, in sich zu gehen und die tiefste Motivation zu ergründen. Das ist nicht leicht. Ich weiß immer noch nicht, ob ich mein Warum bereits gefunden habe. Vermutlich nicht. Aber ich bin ihm näher gekommen. Aus der Warum-Frage heraus sind meine Blogs nützlicher geworden und bereits mehrere Bücher entstanden – u. a. das, welches du gerade liest. Ich habe das Gefühl, mit meiner Arbeit einen Wert zu stiften. Für mich ist damit der Idealfall eingetreten: Ich beschäftige mich mit meinen Leidenschaften, leiste einen Beitrag und kann damit meinen Lebensunterhalt verdienen.
Natürlich muss ein Beitrag für das Gemeinwohl nicht in einem Job enden. Du kannst Menschen auf ganz unterschiedliche Weise helfen. Du hilfst schon, indem du dich für Menschen interessierst, die sonst wenig Aufmerksamkeit bekommen. Oder indem du dich für einen wichtigen Zweck engagierst. Selbst kleine Gesten – wie jemanden zum Essen einzuladen – werden dein Wohlbefinden steigern. Selbstlosigkeit tut einfach gut.

Finde deinen Sweet Spot

Um uns dauerhaft wohl zu fühlen, brauchen wir sowohl viel Zeit in der Wohlfühlzone als auch den Mut, hin und wieder aus ihr auszubrechen. In ihr sammeln wir unsere Kraft. Diese benötigen wir für das Wachstum, das nur außerhalb der Zone stattfinden kann. Wer wachsen will, muss sich von bequemen Gewohnheiten lösen und neue Herausforderungen annehmen. Nur ist der Mensch ein Gewohnheitstier. Introvertierte noch mehr als andere, vor allem, wenn sie nach der MBTI-Typologie auch noch der Typ Beurteiler sind, der sich schwer von einmal getroffenen Entscheidungen lösen kann. Ich bin ein introvertierter Beurteiler. Ich schaffe mir meine Routinen, die mir Sicherheit geben. Ich neige dazu, stets die gleichen Menschen zu treffen, in die gleichen Restaurants zu gehen und lange in einer Gegend wohnen zu bleiben. Das ist meine Präferenz. So geht es sehr vielen Menschen. Sie vermeiden Veränderungen. Dabei liegt am Ende einer Veränderung oft etwas Gutes. Hermann Hesse drückte es in seinem Steppenwolf treffend aus: „Die meisten Menschen wollen nicht eher schwimmen, als bis sie es können."

Veränderungen machen uns glücklich. Neue Dinge zu lernen lässt uns wachsen. Das habe ich vor einigen Jahren erkannt. Daher sieht mein Leben heute nicht so aus, als wäre ich ein Gewohnheitstier. Ich versuche, neue Menschen zu treffen, neue Cafés und Restaurants auszuprobieren, und seit mehr als zwei Jahren wechselt mein Wohnort fast monatlich. Das entspricht nicht meiner Präferenz, aber diese Abwechslung macht mich dennoch glücklich. Präferenz ist kurzfristig, Glück hat einen längeren Horizont.

Über die Wohlfühlzone

In der Wohlfühlzone können wir nach unseren tiefsten Vorlieben leben. Die Stimulation von außen ist sehr gering oder lässt

sich von uns nach Belieben steuern. Wir haben viel Zeit für uns und können über Gott und die Welt sinnieren. In unserer Wohlfühlzone machen wir nur jene Dinge, die wir gut können und zu denen wir uns natürlich hingezogen fühlen.
Man sollte meinen, dass jeder Mensch seine eigene Wohlfühlzone kennt, doch dem ist nicht so. Viele Menschen kennen sich selbst nicht besonders gut. Das betrifft auch Introvertierte, obwohl sie so viel reflektieren. Vermutlich spielt der Erwartungsdruck einer extrovertierten Umgebung dabei eine Rolle. Da du in diesem Buch so weit gekommen bist, solltest du mittlerweile eine gute Vorstellung davon haben, in welchen Situationen du dich wohl fühlst. Vermutlich hast du dir beim Lesen oft gedacht: „Oh ja, stimmt. So geht's mir auch." Es ist wichtig, dass du dir dieser Zone bewusst bist, denn nur wenn du sie kennst, kannst du jederzeit zurückkehren und dort deine Energie aufladen. Niemand kann ständig außerhalb seiner Wohlfühlzone leben und dabei glücklich sein. Ich verbringe mindestens 90 Prozent meiner Zeit in meiner Wohlfühlzone. Dann sitze ich z. B. an meinem Laptop und schreibe ein Buch.

Trotzdem müssen wir diese Zone regelmäßig verlassen und Neues wagen. Wir sind nicht glücklich, wenn unser Leben zu bequem ist. Wir brauchen Schwierigkeiten, die wir überwinden können. Das habe ich schon zu Beginn meiner beruflichen Karriere gemerkt. Ich fühlte mich zu trockenen Themen hingezogen. Als ich im Studium eine Hausarbeit über „Rückstellungen nach HGB und IAS" schreiben konnte, war ich zufrieden. Eine meiner Vertiefungen war das Fach Finanzierung. Praktika absolvierte ich im Rechnungswesen und konnte die Aufgaben gut erfüllen. Es wäre leicht gewesen, da hineinzurutschen. Es war eine sehr ruhige und sichere Umgebung. Aber ich konnte bereits absehen, dass es bald zu bequem und monoton geworden wäre. Selbst in Praktika gab es nach wenigen Wochen schon nichts Neues mehr. Also traf ich eine für mich ungewöhnliche Wahl: Ich ging zu einem Start-up und arbeitete im Online-Marketing. Die Umgebung war das Gegenteil einer Finanzabteilung im Konzern, aber der Job stellte sich als der perfekte Sweet Spot heraus: Inhaltlich konnte ich an Aufgaben arbeiten, die mir liegen (Online-Marketing, Auswertungen, Strategie), während mich das hibbelige und fordernde Umfeld immer wieder aus meiner Komfortzone holte. Es war die richtige Mischung und ein guter Start in eine unkonventionelle Karriere.

Es lohnt sich also, die eigene Wohlfühlzone bewusst zu verlassen, erst recht, wenn du schon unzufrieden bist. Wenn du nichts änderst, bezahlst du diese Inaktivität mit einem hohen Preis. Arbeit, die heute einfach nur langweilig ist, wird irgendwann sinnlos wirken und dich auslaugen. Kleine Schmerzen werden chronisch und schränken dich ein. Ein wenig bewegter Körper wird irgendwann übergewichtig und krank. Vernachlässigte Beziehungen werden bitter oder lösen sich auf. Ein durchschnittliches Leben wird mit der Zeit immer unerträglicher. Das ist der Preis für Bequemlichkeit.
Veränderungen und Wachstum finden außerhalb der Wohlfühlzone statt. Aber hier ist die gute Nachricht: Wachstum bedeutet auch, dass die Zone wächst. Du fühlst dich ja nur deshalb so wohl in deiner Zone, weil du in ihr die Dinge machst, die du schon so oft gemacht hast, dass sie sich natürlich anfühlen. Das war nicht immer so. Du musstest diese Dinge erst lernen. Genauso kannst du neue Dinge lernen, die deine Wohlfühlzone erweitern. Wenn du einmal auf der Bühne standest, wird es beim zweiten Mal schon etwas leichter. Wenn du ein Buch schreibst, dann geht auch ein zweites. Wenn du einmal 15 Minuten joggen warst, dann kannst du schon bald 30 Minuten laufen. Wenn du einen Song auf der Gitarre spielen kannst, dann ist der zweite nicht mehr weit. Das sind meine Erfahrungswerte. Und ich merke diese Fortschritte auch beim Bloggen auf introvertiert.org. Als ich den Blog damals öffentlich machte, kostete mich das eine enorme Überwindung. Ich

kündigte ihn in meinem Reiseblog als die „Geständnisse eines introvertierten Reisenden“ an. Zehn Tage hatte ich an diesem Beitrag gefeilt. Als ich ihn schließlich veröffentlichte, kniff ich meine Augen zusammen und hoffte das Beste. Der nächste Artikel über Introversion fiel mir schon etwas leichter. Heute schreibe ich darüber, als sei es das Normalste der Welt. Ähnlich geht es den Mitgliedern im Forum. Auf ihren ersten Beitrag bereiten sie sich manchmal tagelang vor. Einige Wochen später haben sie schon 50 Beiträge geschrieben.
Alles wird einfacher, sobald wir es ein paar Mal gemacht haben. Wir müssen unser Gehirn nur darauf trainieren. Wir können schließlich nur das, was wir unserem Gehirn beibringen.

Ein paar Tipps, wie du aus deiner Wohlfühlzone kommst:

- Je kleiner deine Wohlfühlzone ist – bei Introvertierten ist sie im Allgemeinen recht klein –, desto kleiner sollten auch die Schritte sein, mit denen du die Zone verlässt. Wirf nicht dein ganzes Leben um, sondern ändere Kleinigkeiten. Nimm mal einen anderen Weg zur Arbeit. Lade einen Freund zu dir nach Hause ein. Sag in jedem Meeting nur einmal etwas. Nimm einmalig an einem Kochkurs teil. Mach für eine Probestunde beim Yoga mit.
- Besinne dich auf deinen freien Willen. Wenn du glaubst, etwas nicht zu können, überlege dir, ob du es wirklich nicht kannst oder ob du dich nicht traust. Sehr wahrscheinlich ist es Letzteres. Du hast einen freien Willen, aber der ist nicht unbegrenzt groß – daher nur kleine Schritte gehen.
- Stelle sicher, dass du jederzeit in deine Wohlfühlzone zurückkehren kannst. Die Zone funktioniert in diesem Fall wie ein Sicherheitsnetz, in das wir uns fallen lassen können, falls wir von der Veränderung überwältigt werden.

- Orientiere dich an den Dingen, die dir wirklich wichtig sind. Es fällt uns wesentlich leichter, vorübergehend zu „extrovertieren“ oder anderweitig unsere Komfortzone zu verlassen, wenn uns etwas wirklich wichtig ist. Vergeude deine Energie nicht für unwichtige Dinge.
- Verwechsle Angst nicht mit Introversion. Deine Veranlagungen taugen nicht zur Ausrede, wenn du eigentlich nur Angst hast. Introversion mag eine Erklärung dafür sein, dass du etwas nicht gut kannst, weil du es aufgrund deiner Präferenzen bislang nicht gemacht hast. Doch Präferenzen lassen sich vorübergehend ignorieren. Angst lässt sich nur überwinden, indem du die Dinge immer und immer wieder tust. Vergiss auch nicht, dass jeder Mensch Angst hat, wenn er vor etwas Neuem steht. Die einen überwinden sie, die anderen lassen sich von ihr gefangen nehmen.

Die gesunde Mitte finden

Der eine Punkt, der ein gesundes Mittel aus Bequemlichkeit und Veränderung bedeutet, ist der Sweet Spot. In ihm haben wir genügend Energie (weil wir uns Bequemlichkeit gönnen), um kleine Veränderungen anzustoßen, die uns auf lange Sicht glücklicher machen. In diesem Punkt besteht eine Balance. Doch welches Verhältnis aus Bequemlichkeit und Veränderung sollten wir anstreben? Wie finden wir das exakt richtige Niveau an Stimulation?

Das kann ich leider nicht für dich beantworten. Es ist sogar schwer, meine eigene Balance zu finden. Einerseits höre ich in mich hinein, um zu erkennen, wie ich mich fühle. Doch das allein genügt nicht, denn meine Gefühle werden von meinen Präferenzen dominiert. Ich fühle an jedem einzelnen Tag, dass ich gern allein zu Hause wäre. Mein Verstand sagt mir jedoch, dass das keine gute Idee ist. Ich würde bald vereinsamen und depressiv. Das würde sich wiederum auf meine Gefühle

auswirken, doch dann ist es zu spät. Um den Sweet Spot zu finden, muss ich meine Gefühle und meinen Verstand in Einklang bringen. Je länger ich mich mit mir selbst und meinen Präferenzen beschäftige, desto besser gelingt mir das.
Für mich heißt das, flexibel zu sein, auch mal zu „extrovertieren" und mich häufig zwischen zwei Polen zu entscheiden:

- Mich nicht nur ins Alleinsein zurückziehen, sondern regelmäßig unter Menschen kommen.
- Mich nicht nur mit bekannten Menschen umgeben, sondern auch neue kennenlernen.
- Mich nicht nur mit ein oder zwei Menschen treffen, sondern hin und wieder auch mal in Gruppen unterwegs sein.
- Nicht nur Bücher lesen und über das Leben sinnieren, sondern tatsächlich etwas erleben. Erst durch den Wechsel zwischen Erleben und Reflexion wird Wachstum möglich.
- Mich nicht nur in meinem bekannten Umkreis bewegen, sondern neue Umgebungen kennenlernen – sowohl in der eigenen Stadt als auch beim Reisen.
- Mich nicht verschließen, sondern öffnen und verletzbar machen. Über den Umweg des Schreibens gelingt das schon gut. In Gesprächen mit Freunden wird es immerhin besser.
- Nicht alles nach Vorschrift machen, sondern mich auch mal zur Spontaneität zwingen.
- Öffentlichem Reden nicht immer aus dem Weg gehen, sondern manchmal eine solche Herausforderung annehmen.
- Nicht alles so machen, wie ich es schon immer gemacht habe, sondern Veränderungen erzwingen.

Mein bevorzugtes Verhalten mag durch Gene, Erziehung und Erfahrungen geformt worden sein. Dennoch kann ich mich jeden Tag neu entscheiden, ob ich meinem natürlichen Modus folge oder ob ich gegensteuern muss, indem ich meine Wohlfühlzone verlasse. Manchmal weiß ich erst im Nachhinein, ob ich mich richtig entschieden habe. Mein und dein Leben ist ein ständiges Streben nach dieser Balance aus Wohlfühlen und Wachsen. Ein Streben nach dem Sweet Spot.

Letzte Worte

Mit diesem Buch hatte ich mir viel vorgenommen. Ich hoffe, du hast das Gefühl, dass ich meine Versprechen aus der Einleitung einhalten konnte. Ich wollte dir zeigen, dass du mit deinen Bedürfnissen nicht allein bist. Ich wollte, dass du dir deiner Wohlfühlzone bewusst wirst und gleichzeitig weißt, dass du sie verlassen kannst, um über dich hinauszuwachsen. Ich wollte, dass du deine eigenen Stärken kennst und verstehst, dass unsere Gesellschaft diese Stärken braucht. Ich wollte dir zeigen, dass du auch an den Fähigkeiten arbeiten kannst, die dir im Alltag Probleme bereiten, denn Vorlieben sind nur Vorlieben und nichts, das dich gefangen nimmt. Und ich wollte, dass du dich selbst magst, weil ich glaube, dass wir Introvertierte uns damit besonders schwertun. Ich weiß, dass es mir schwerfällt.

Beim Schreiben fragte ich mich häufig, ob ich nicht selbst sehr leichtes Reden habe. Genieße ich Vorteile, die du vielleicht nicht hast? Ich weiß es nicht. Ein paar vielleicht. Aber auch mir fiel nicht alles zu. Meine Jugend war nicht ideal, sondern so, wie sie vermutlich für viele Introvertierte verläuft. Ich war meist etwas melancholisch, und auch wenn ich ein paar Freunde hatte, war ich immer auch ein Außenseiter. Im Studium fand ich überhaupt keinen Anschluss. Als die Menschen um mich herum ihre Freundschaften fürs Leben schlossen, blieb bei mir nicht viel hängen. Doch später übernahm ich Verantwortung für mein Leben. Ich arbeite seit vielen Jahren daran, mich stetig zu verbessern und meine Wohlfühlzone zu verlassen. Dabei drehte ich mich oft im Kreis, aber immer wieder ging es auch ein kleines Stück voran. Das ging nicht von heute auf morgen. Es dauerte eine Weile, aber heute mag ich mich mehr als je zuvor.

Das heißt nicht, dass bei mir stets alles rosig wäre. Es gibt schlechte Tage oder sogar schlechte Wochen. Dann habe ich Selbstzweifel und manchmal fühle ich mich trotz aller Bemühungen einsam. Aber es wird besser. Die Täler sind nicht mehr so tief und ich brauche nicht mehr so lange, um herauszufinden. Leider neigen wir Menschen dazu, uns aufzugeben, wenn wir im Tal liegen. Wenn wir unsere Kräfte am meisten benötigen, ergeben wir uns in Hilflosigkeit. Ich akzeptiere diese schlechten Tage, reflektiere und suche nach Strategien, um mich aus der Opferrolle zu befreien. Diese Strategien hast du nun gelesen. Das ist alles, was ich habe.

Noch wichtiger ist, was du daraus machst. Ich hoffe, dass du dein Leben so gestaltest, wie du es für richtig hältst. Falls du das bereits tust und mit dir im Reinen bist, dann sage ich Herzlichen Glückwunsch. Wenige Menschen können das von sich behaupten, und wahrscheinlich noch weniger Introvertierte.

Falls du noch zu kämpfen hast, so akzeptiere deine Herausforderungen. Nutze deine Präferenzen zu deinem Vorteil, anstatt sie gegen dich arbeiten zu lassen. Unterschätze nicht die Macht, die du über dich selbst hast. Und wenn am Anfang nichts zu helfen scheint, dann tu so, als ob. Setz dich auf den Boden, schließe die Augen und sage dir, dass du dich selbst liebst. Es ist ein mächtiges Meditationsmantra, das ich selbst lange Zeit verwendet habe. Sitze da und halte es wie Kamal Ravikant: „Liebe dich selbst so, als ob dein Leben davon abhängt."

Ressourcen

Hier findest du alle Bücher, Blogs und Videos, die ich im Buch erwähnt habe. Die meisten Werke sind Übersetzungen aus dem Englischen. Wenn du Bücher gerne auf Englisch liest, empfehle ich dir, die Originalversionen zu kaufen. Sie sind meist besser und billiger. Fast alle Werke sind bei amazon erhältlich. Wenn nicht, habe ich eine Quelle angegeben.

Über Introversion

- „Still“ von Susan Cain – das international bekannteste Buch über Introvertierte
- „Die Macht der Introvertierten“ von Marti Olsen Laney
- „Sind Sie hochsensibel?“ von Elaine Aron – eines der ersten Bücher über Hochsensibilität
- „Leise Menschen – starke Wirkung“ von Sylvia Löhken – von einer der wenigen deutschen Autorinnen
- „Intros und Extros“ von Sylvia Löhken – über die Kompatibilität von Introvertierten und Extrovertierten
- „The Introvert's Way“ von Sophia Dembling – ein sehr praktisch orientiertes Buch
- „The Power of Introverts“ von Susan Cain – die berühmteste Rede über Introvertierte (auf ted.com nach Susan Cain suchen)

Andere Bücher

- „Denken Sie groß!“ von David Schwartz – über die Magie des großen Denkens
- „So machen Sie Ihr Glück“ von Richard Wiseman – Glück aus Sicht eines Wissenschaftlers

- „Frag immer erst: Warum?" von Simon Sinek – über die Sinnfragen des Lebens
- „Type Talk" von Otto Kroeger und Janet Thuesen – die MBTI-Typenlehre erklärt
- „Liebe dich selbst so als ob dein Leben davon abhängt" von Kamal Ravikant – ein kurzer Aufsatz über den Weg zur Selbstliebe
- „12 Gewohnheiten, die Dein Leben verändern" von Tim Schlenzig – der beste Ratgeber für neue Gewohnheiten (verfügbar auf www.mymonk.de/12-gewohnheiten)
- „Geh nie alleine essen" von Keith Ferrazzi – der Networking-Ratgeber eines Extrovertierten
- „Überflieger" von Malcolm Gladwell – warum manche Menschen erfolgreich sind und andere nicht
- „Wie man Freunde gewinnt" von Dale Carnegie – der Klassiker unter den Selbsthilfebüchern
- „Besser miteinander reden" von Dale Carnegie – klassische Tipps für öffentliches Reden
- „Der Weg zu den Besten" von Jim Collins – wie sich gute von großartigen Unternehmen unterscheiden
- „Minimalism: Live a Meaningful Life" von Joshua Fields Millburn und Ryan Nicodemus
- „How to Raise Your Self-Esteem" von Nathaniel Branden – über die Grundlagen des Selbstwertgefühls

Websites des Autors

- Introvertiert.org – Der Blog für Introvertierte mit weiteren Themen, die es nicht ins Buch geschafft haben
- 101places.de – Der Blog eines introvertierten Reisenden
- Healthyhabits.de – Der Blog für gesunde Gewohnheiten

Nimm Kontakt auf

Bleib mit dir nicht allein, sondern nimm Kontakt mit anderen Introvertierten auf. Tausche dich mit ihnen im Forum aus (www.introvertiert.org/forum). Du kannst auch deine Geschichte oder deine eigenen Erkenntnisse rund um Introversion bei mir im Blog teilen. Ich veröffentliche gerne Gastbeiträge, die anderen Introvertierten helfen. Oder schreib mir einfach eine E-Mail an patrick@introvertiert.org und sage mal Hallo. Ich freue mich, von dir zu hören.

Gefällt's dir?

Ich danke dir dafür, dass du dieses Buch bis zum Ende gelesen hast. Das heißt für mich, dass es vermutlich seinen Zweck erfüllt hat und du etwas mitnehmen konntest. Wenn du dieses Buch empfehlenswert findest, würdest du mir sehr damit helfen, wenn du es bei amazon.de bewertest. Rezensionen führen dazu, dass gute Bücher dort gelistet werden, wo sie hingehören, und zwar weit oben.

Es ist ganz leicht: Suche bei amazon nach meinem Namen (Patrick Hundt) oder nach „Kopfsache". Klicke auf das Buch und dann auf „Kundenrezension verfassen". Schreibe in wenigen Sätzen, was dir an dem Buch gefallen hat (oder was nicht). Ich danke dir schon einmal für deine Zeit, die du in eine Bewertung investierst. Du hilfst mir damit sehr.

Danke

Ich danke ganz herzlich meinen Testlesern Alex Pongratz, Corinna Rudolph, Ina Fischer, Jasmin Schindler und Yvonne Schlatter dafür, dass sie dieses Buch vorab gelesen und mir wertvolles Feedback gegeben haben. Gemeinsam haben wir das Buch noch besser gemacht!

Außerdem möchte ich allen Introvertierten danken, die sich im Forum engagieren. Aus euren konstruktiven Diskussionen konnte ich wertvolle Gedanken für dieses Buch übernehmen. Ihr habt mir sehr geholfen, nicht nur mich selbst, sondern auch andere Introvertierte zu verstehen und Gemeinsamkeiten zu erkennen.

Nicht zuletzt danke ich Mars Dorian, der das wundervolle Cover für dieses Buch erstellt hat, und Annegret Schenkel, die das Buch Korrektur gelesen und meine Fehler entdeckt hat.

Printed in Germany
by Amazon Distribution
GmbH, Leipzig

20057790R00114